〈第　2　版〉

心理学基礎実験を学ぶ

データ収集からレポート執筆まで

大和田智文・鈴木　公啓

編著

OWADA TOMOFUMI ・ SUZUKI TOMOHIRO

BASIC EXPERIMENTAL
METHODS
IN PSYCHOLOGY

北樹出版

ま え が き

　いわゆる「心理学基礎実験」には、教員の指示のもと各テーマに沿った実験を実施して
データを収集し、集計結果を示し、必要な統計処理を行った上で結果を考察し、レポート
を執筆して提出するという一連の流れがある。したがって、学生はレポート執筆の際には
基本的にこの流れに従えばよいのである。しかし「心理学基礎実験」は「実験」であると
同時に「授業」でもあるため、「授業」の最初から最後までをこの流れに沿ってまとめよ
うとすると、「実験」と「授業」という異なった要素がレポートに混在することとなって
しまう。レポート執筆に苦労している学生の姿をよくみかけるが、この苦労は純粋に「書
く」という作業の難しさに加え、上記のような2つの要素の混在を適切に整理することが
できないために生じる混乱に起因するのかもしれない。

　本書は、上記のような混乱を解消し、「心理学基礎実験」で学生が何を学んだらよいかを、
具体的にわかりやすく適切に提示することを目指して出版された「心理学基礎実験」のテキ
ストである。そのようなテキストとするために、本書では以下のようなさまざまな工夫
を凝らしている。
・第1章では、「心理学」になぜ「実験」が必要なのかわかりやすく解説した。
・第2章から第17章（以下、各章と記載）にかけて、16の実験テーマを用意した。全編を通
　して読者の幅広い興味関心に応えられるよう、テーマは伝統的なものには限定していな
　い。
・各章の情報量は必要十分な分量に抑えた。
・実際の授業内で実験として行われる内容を「実験の手続き」とし、各章の第1節に記載
　した。ここでは、実験の進め方やデータの収集の仕方が具体的かつ時系列的に配置され
　ているため、実際の実験の様子がリアルにもれなく伝わるようになっている。必要に応
　じて事前学習にも活用できよう。
・各テーマの学問的背景の説明を「テーマの解説」とし、各章の第2節に記載した。心理
　学基礎実験では、いかに効率よく実験を行うかという点に目が行きがちであるが、そも
　そもなぜその実験を行うのか、その実験から何を知ろうとするのかといった論理面を無
　視しての実験などありえない。各テーマの論理をしっかりと把握した上で実験に臨んで
　もらうためにも、各テーマの学問的背景に目を向けておく必要がある。
・各テーマのレポート執筆のために必要な内容を「レポートの内容」とし、各章の第3節
　に記載した。ここでは、問題、方法、結果（図表を含む）、考察の書き方や、得られた結
　果のなかから実際にどの部分をレポートに記載したらよいか、などが具体的にもれなく
　説明されている。レポート執筆を含む事後学習に活用できよう。

・レポートを執筆する際には、一定のルールに従って執筆する必要がある。第18章では、レポート執筆時に必要となるさまざまなルールについて記載した。レポート執筆を含む事後学習に大いに活用してほしい。

・本書では、主な読者を心理学の初学者と想定している。しかし、より高度な知識を有する読者や教員などの専門家が利用することも意識し、実験で用いる統計手法の解説や異なった実験方法などを、章末に設けたトピックのなかに必要に応じて記載した。

・レポート執筆に直接関係のない（レポートに記載する内容には含まれない）図表については、章末に資料として記載した。なお資料のなかで、実験前に目を通すことが好ましくないと思われるものなどについては、北樹出版のサイト（http://www.hokuju.jp/kisojikken/shiryo.html）に Web 資料として掲載したので、実験後に活用してほしい。Web 資料については、本文および章末の資料の該当箇所に「〈Web〉⊕」と記した。

　本書では、以上のように、主に心理学の初学者が「心理学」と「実験」とを結びつけ、その上で躊躇いなく「実験」の世界に入り、「実験」を終始スムースに経験することに成功するようさまざまな配慮をしたつもりである。さらには、「心理学基礎実験」を担当する先生方が授業の手びきとして活用されることにも耐えうるよう留意した。本書をひとりでも多くの方が手にされ、そこから「心理学」や「実験」の楽しさを発見したり、あらたな研究課題を創出することに繋がれば、編者としては望外の喜びである。しかし、それでもなお使い勝手の悪さや内容的な不備が残ったならば、それは編者の責任である。皆様の忌憚のないご意見やご批判を頂戴できれば幸いである。

　2015年12月　　　　　　　　　　　　　　　　　　　　大和田　智文

改訂にあたって

　本書が出版されてから早いもので７年が経過した。この間、コロナ禍など世の中を大きく変える出来事があり、大学においてもオンライン授業といった未知の世界を経験することとなった。こうした未知の世界をくぐり抜け、ようやく授業も対面に戻りつつあるこの機会に、本書をより分かりやすく使いやすいものに改訂することとした。具体的には、日本心理学会の「執筆・投稿の手びき」の改訂に合わせて表記を改めたり、Web 資料に移動するための QR コードを追加するなどのアップデートを行っている。これを機に、本書がより多くの方に愛される一冊となるならばこの上ない喜びである。

　　2022年11月　　　　　　　　　　　　　　　　　　　　編　　者

目　　次

〈第 2 版〉
心理学基礎実験を学ぶ
──データ収集からレポート執筆まで──

1 心理学と実験

✚ 1．心理学なのになぜ「実験」なのか？ ✚

　この本を手にしている方の多くは、大学に入学してはじめて心理学の講義を受けたのではないだろうか。心理学とはいったいどのようなものなのか、どのような話が飛び出してくるのかと、はじめて接する学問への期待にワクワクした人も少なくないのではと想像する。しかし、大抵の場合初回の授業を受けてみると、その内容は自分の抱いていた期待と大きく異なるという現実に直面することになる。なぜこのようなことが起きるのだろうか。その理由の1つに「心理学」という学問表記による惑わしがあるのではないかと思われる。

　まだ「心理学」に接したことのない人は、「心理学」ということばの響きがもつ独特のニュアンスに惹きつけられるのかもしれない。心理学を学べば、人のさまざまな「不思議」がたちどころに解明できたり、人の心が手に取るようにわかるようになる、あるいは、そうするために必要ななんらかの技術を身につけることができる、意識はせずともそのようなイメージを心理学に抱いているからだろう。ところが、いざ蓋を開けてみるとそのようなイメージは脆くも崩れ去り、初学者は「心理学」に見事に裏切られることとなる。迷路を走るネズミが登場したかと思えば、記憶の概念的区別の話が延々と続いたり、という具合だから、崩れ去るのも当然といえば当然である。

　くり返しになるが、なぜこういったことが起きるのだろうか。言い換えれば、「心理学」において、なぜこのような裏切りが許されるのだろうか。迷路を走るネズミや記憶の概念的区別の話を聞いたところで、人の心の理解には一向にたどり着けそうもない。そのような細かい話に終始する「心理学」はいったい何をやっているのだろうか。看板に偽りありとはこのことだ、と言いたくもなる。でも、実はそうではないのである。

　ここで心理学の歴史を少し遡ってみる。心理学が独立した科学として認められるようになったのはそれほど昔の話ではない。独立した科学として認められる以前の心理学は、哲学の一分野と考えられていた。そのような心理学が、独立した科学の一分野として認められるようになったのには、他の自然科学の多くが一般的な研究方法としていた「実験」をその研究方法として取り入れることに成功したことが大きく影響している。すなわち、心理学は、人の心に関するなんらかの事象を解明しようとするとき、実験によってきわめて客観性の高いデータを収集することを通して、客観的で再現性の高い知見を積み上げる努力を積み重ねてきた。今日までのこの地道な努力が、まさに心理学の歴史そのものといってもよいであろう。現在の心理学では、研究目的に応じて、実験のほかに、観察法、面接法、質問紙法、事例研究などさまざまな研究方法が用いられるようになってきている。し

かし、データの客観性とそこから導かれる結果の再現性に関していうならば、実験に勝るものはない。では、実験とその他の研究方法との違いはどこにあるのだろうか。

　もっとも大きな違いを1つあげるならば、それは、実験ではある事象と他の事象とのあいだの因果関係を明らかにすることができるという点である[1]。因果関係とは、ある2つ（あるいはそれ以上）の事象間に、原因と結果の関係を特定できることを指す。つまり、ある事象Aが生じることで必ず他の事象Bが生じるという事象間の関係性のことを意味している。たとえば、風が吹いた（事象A）らドアが閉まった（事象B）、新成分（事象A'）によってチョコレートがおいしくなった（事象B'）などが因果関係である（厳密にいうと、即座に因果関係と断定できるわけではないのだが、その点については次節で述べる）。ここでは、事象Aが生じると必ず事象Bが生じるという関係が成り立っていることがわかるだろう。つまり、事象Aは事象Bの生じた原因であり、事象Bは事象Aによってもたらされた結果と解釈することが可能である。心理学における実験の最大の特徴は、適切な方法（「方法」については第6節を参照）を用いることで、ある事象（上記でいう事象B[']に相当）を生じさせる原因（上記でいう事象A[']に相当）を同定できるところにある。言い換えれば、ある事象の原因となっているものを同定していくことが、伝統的な心理学における主要な仕事であったともいえる。実際、心理学分野で見出された知見の多くは、このような地道で細かい作業の積み重ねによって獲得されたものなのである。

　冒頭に、「心理学」を学ぶとたちどころに人の心が読めるようになるかのような誤解を抱く人も数多くいるのではないかと述べた。「心理学」といわれて、ある事象の原因となっているものをひたすら同定していくような、およそ人間味のない地味な作業をくり返し行っているところを想像する人はむしろ少数だろうから、この誤解はある意味当を得ていよう。しかし、上に述べたことが本来の心理学の姿なのだから、誤解は誤解として認識すべきである。このように書くと、本書を読み始める前から心理学が嫌になってしまいそうだが、でも心理学はそれほど捨てたものでもない。実は、心理学で扱うことのできる人の心に関する事象は世のなかにはあふれるほどあるのである。なので、常日頃「なんでだろう？」という疑問符を頭の片隅においておくと、あの事象もこの事象も気になりだして、次に、なんでこういう事象が起きるのだろうという疑問（すなわち問題意識。これについては第6節を参照）が自然と湧いてくるようになる。こうなるとしめたもので、心理学を好きになるのも時間の問題（？）である。ここで、この疑問をもっとも科学的に（すなわち、簡単にいえば、原因に対する結果を客観的に把握できるように）解明しようということになれば、上記のように実験に登場してもらうのがもっとも手っ取り早くかつ妥当な方法ということになる。だから、「心理学なのになぜ『実験』なのか？」ではなく、「心理学だからこそ『実験』が必要！」なのである。

✚ 2．実験計画の準備：独立変数と従属変数 ✚

　心理学で扱うことのできる人の心に関する事象は世のなかにはあふれるほどあると述べたが、たとえば、前節でもあげた「新成分（事象A）によってチョコレートがおいしくなった（事象B）」というのもその1つである。でも、これだけではおいしくなったという事象（結果）が本当に新成分（原因）を加えたことによって生じたかは定かでない。なんとなく因果関係があるように推測しているだけかもしれないし、たまたまそのときの気分でおいしく感じただけかもしれない。心理学における実験では、このように一見関係があるようにみえる2つ（あるいはそれ以上）の事象間の因果関係を「実験」によって推定することで、おいしくなったと感じた原因が本当に新成分にあるのかどうかを説明していくことになる。

　心理学では、「おいしさ」などのような、状況や個人によって変化しうる「事象」のことを「変数」と呼んでいる。「おいしさ」というのも、すごくおいしいのか、それともちょっとだけなのか、あるいはほろ苦いおいしさなのか甘酸っぱいおいしさなのかなど、状況（つまりは、チョコレート成分の調合状況）によって変化する事象である。また、個人によってもおいしさの感じ方は異なるだろう。同様に、「新成分」というのも、さまざまな成分が考えられるので、これも状況（や個人）によって変化する事象といえる。したがって、上に示した事象はどちらも「変数」ということになる。

　さらに、変数にはいくつかの種類がある。上の例でいう、「新成分」の方の原因に相当する変数を「独立変数」、「おいしくなった」の方の結果に相当する変数を「従属変数」という。心理学の実験では、この独立変数と従属変数をいくつどのように用いるかが実験を計画する際にとても重要になってくる。このことは、後の節で詳しく述べる。

✚ 3．実験計画の準備：仮説と実験参加者 ✚

　実際に実験を計画して実施するにあたり、あらかじめ用意しておく必要のあるものがある。そのうちの1つが、前節で述べた独立変数と従属変数であるが、ほかにもいくつか重要なものがあるので本節で述べる。

　まず、仮説である。何度も例にあげているが、「新成分（事象A）によってチョコレートがおいしくなった（事象B）」という事象間の現象に疑問（問題意識）をもち、この事象間に因果関係があるかどうかを実験によって検討しようとするならば、「新成分を配合したら、チョコレートはおいしくなるだろう」という仮説を立てることになる。しかし、実験のための仮説としてはこれでは不十分である。なぜならば、この仮説のなかにある変数（すなわち、独立変数と従属変数）は状況や個人によってとる値が変化するからである。つまり、実験で検討するための仮説には、用意された独立変数と従属変数の関係を過不足なく文によって表現したものであることが求められるのである。上の例でいうと、たとえば「新成分

Aを配合したチョコレートは、新成分Aを配合していないチョコレートよりもほろ苦さが増すだろう」などのように、より具体的な表現にしておく必要がある。そうでないと、実験で実際に何をどう検討したらよいのかがわからなくなってしまうのである。

次に、実験参加者である。これまであげてきた例をみればわかるように、心理学で扱う事象（とくに結果に相当する事象。すなわち、従属変数）の多くは人のなかで生じたり変化したりするものである。人のなかで生じたり変化したりする事象とは、感覚や知覚（上の例のように、おいしさを感じるのも「味覚」という感覚の一種である）、感情、ものの考え方、意見、態度など直接観察することができないものから、会話や手足を動かす行動など直接観察可能なものまであらゆるものがある。直接観察できない事象については、それを概念として定義し直し、客観的に観察・測定可能な指標にするための作業が必要になる（この点の詳細については、第2章以降を参照）。いずれにせよ、人のなかで生じたり変化したりする事象は、客観的な観察や測定が可能な指標として扱われることとなる。この指標を観察したり測定したりする際には、指標として定めた事象（すなわち、従属変数。上の仮説でいえば「ほろ苦さ」）が生じたり変化したりすることを経験する主体（この主体は心理学では多くの場合が人である）を用意した上で、実験する側がその主体に一定の操作（すなわち、独立変数。上の仮説でいえば「新成分A」）を加えたときの従属変数の変化を客観的に観察・測定することが必要となる。このとき、従属変数に変化を生じさせる主体（実験者側からみれば客体となる）が実験参加者である。以上、少しややこしくなってしまったかもしれないが、仮説、独立変数、従属変数および実験参加者の関係をわかりやすくするためにFigure 1に示しておく。

なお、研究目的によっては、経験の主体は人ではなくマウスやイヌなどの動物である場合もある。この場合は実験参加者ではなく被験体という。また、研究方法の違いによっては「実験参加者」ではなく「調査対象者」などと呼ぶこともあるが、本書では原則として「実験参加者」に統一することとする。

Figure 1
仮説、独立変数、従属変数および実験参加者の関係

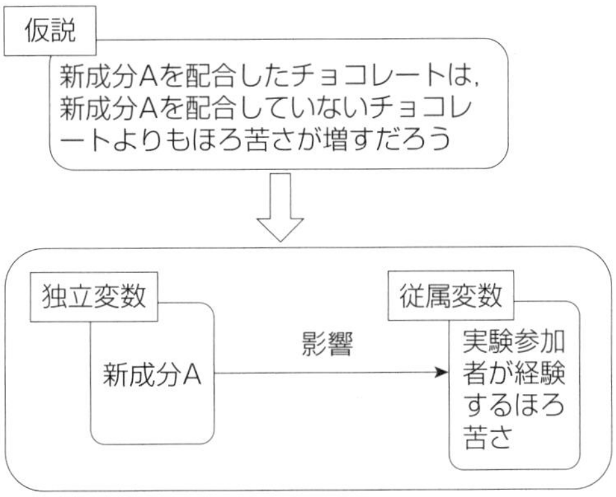

4. 実 験 計 画

（1）要因と水準

　ここまで実験の準備ができたら、あとは実験するための場所と時間を確保してすぐに実験開始……といきたいところだが、まだその前に大事な仕事が残っている。それは、第2節でも述べたが、独立変数と従属変数をいくつどのように用いるか、何人くらいの実験参加者をどのように割り振る（配置する）か、といった作業である。このような作業のことを「実験計画」と呼ぶ。独立変数と従属変数をいくつどのように用いるか、といわれれば、これらの変数は1つだけとはかぎらないと予想がつくだろうし、また、実験参加者をどのように配置するか、といわれれば、実験室に実験参加者を全員集めて一斉に実験をするものでもなさそうだと想像できるだろう。実際その通りである。では、なぜ変数（主に独立変数）を複数用意したり、実験参加者をいくつかに割り振ったりする必要があるのだろうか。これには少し詳しい説明が必要になってくる。

　前節で、実験によって解明しようとする仮説として「新成分Aを配合したチョコレートは、新成分Aを配合していないチョコレートよりもほろ苦さが増すだろう」というものを例にあげた。これを実際に実験で検討していくときのことを考えてみる。まず、チョコレートには新成分A入りのものと新成分Aの入っていない従来のものがあり、新成分A入りのチョコレートは従来のチョコレートよりもほろ苦いだろうと予測をしている。先にも述べたように、ここではこのチョコレートの「新成分A」が、おいしさに違いをもたらす（と予測するところの）独立変数で、「ほろ苦さ」が従属変数ということになる。この独立変数とは、従属変数（すなわち、結果）に違いをもたらす原因を指すが、これは「要因」と呼ばれることもある。つまり、「独立変数」と「要因」はほぼ同じ意味として用いられている。先ほど例にあげた仮説に戻ると、ここでは結果に違いをもたらしている要因は、「新成分A」1つのみを想定していた。つまり、ここではチョコレートの「ほろ苦さ」という結果に違いをもたらす要因は1つしかない、と考えているわけである。しかし、「新成分A」という要因が、従来のチョコレートよりも本当に「ほろ苦さ」を強めているかどうかを明らかにするためには、「新成分A」の入っていない従来のチョコレートを食べたときに感じる「ほろ苦さ」と比較できるような測定方法が必要となる。つまり、「新成分A」という要因のなかに、新成分A「あり」・新成分A「なし」という2つのレベルを設けておかなければならないということである。この「あり」・「なし」のような、要因のなかの異なるレベルのことを「水準」と呼ぶ。したがって、上の仮説を実験によって検討しようとするならば、「1要因2水準（1×2）の実験計画」を組むことが必要になる。ここでは、1（要因数）×2（水準数）で合計2つの条件が設けられることになる。

　以上が要因が1つの場合の説明だが、結果に違いをもたらす要因は1つとはかぎらない。

たとえば、普段からチョコレートをよく食べる人とそうでない人で、ほろ苦さの感じ方に違いが生じる可能性も考えられる。普段からチョコレートをよく食べる人は、そうでない人に比べて、これまでにいろいろなチョコレートを食べ比べてみる機会があっただろう。もしそうならば、普段からチョコレートをよく食べる人の方が成分による味の違いに敏感に反応できるため、新成分Ａ「あり」と「なし」のほろ苦さの違いを大きく見積もるかもしれない。こうしてみると、結果に違いをもたらす要因として「チョコレートを食べる頻度」という個人差を想定してみることも可能になる。この場合も、「チョコレートを食べる頻度」という要因のなかにいくつかのレベルを想定することができる。本来チョコレートを食べる頻度というのは、板チョコを１日に10枚も食べるような人から、これまでにほとんど口にしたことのないような人までの連続であるが、ここではわかりやすく、実験参加者を「高頻度者」と「低頻度者」のように２つに分割してみる（「中頻度者」を設けて三分割というのもありえる）。そうすると、「チョコレートを食べる頻度」という要因のなかに、「高頻度者」と「低頻度者」という２つの水準を想定したことになる。このように、「ほろ苦さ」に上記の２つの要因が影響を与えていると仮定するならば、「新成分Ａを配合したチョコレートは、新成分Ａを配合していないチョコレートよりもほろ苦さが増すだろう。またその感じ方は、高頻度者において強くなるだろう」といった仮説を立てて検討することになる。この場合は「２要因（２×２）の実験計画」を組むことになる。つまり、２（要因数）×２（水準数）で合計４つの条件が設けられたということである。

　なお、要因は理論的には無数に設けることが可能だが、あまりに多すぎると結果の分析が困難になってくるので、２つか３つにとどめておくのが賢明だと考えられる。

（2）実験参加者の配置

実験参加者間配置

　ここまで準備ができたら、いよいよ実験参加者の配置である。研究者が普段行っている研究であれば、実験参加者を募るところから考えなければならないが、心理学基礎実験という授業のなかで実験を行うかぎり、実験参加者募集の心配をする必要はまずない。受講生同士で実験者役、実験参加者役を適宜交代して行うのが一般的だからである。なので、ここでは実験参加者は実験に必要な数だけすでに確保されているという前提で話をする。

　前に述べたように、実験参加者は従属変数に変化を生じさせる主体である。つまり、チョコレートに新成分Ａが配合されているかどうかによってほろ苦さに違いが生じることを検討するのであれば、実際にほろ苦さを評価するのが実験参加者の役割ということになる。その際、「ほろ苦さ」には、新成分Ａやそれを食べる個人によって差が生じるだろう、という仮説を検討するのであるから、異なる条件（前項参照）に実験参加者を割り振った上で、各条件の参加者のほろ苦さの感じ方に違いが生じるかどうかをみなければならない。

　たとえば、合計20人の実験参加者がいる場合、１×２の実験計画であれば２条件が設け

られるので、この2条件に実験参加者を10人ずつ割り振った上でほろ苦さの評価をしてもらう、というのが1つの方法である。同様に、2×2の実験計画であれば4条件が設けられるので、各条件には5人の実験参加者が割り振られることになる。つまり、実験者は各条件のいずれか1つに割り振られ、その条件において実施される実験のみを経験することになる。このような実験参加者の割り振りを行う場合、要因が1つであれば「1要因実験参加者間配置の実験計画」、2つであれば「2要因実験参加者間配置の実験計画」などと呼ぶ（「実験計画」の表記の仕方については第18章も参照）。

　なお、「新成分A」の「ほろ苦さ」を強める効果を明らかにするため、「新成分A」という実験操作を加えられた「あり」水準の実験参加者グループのことを「実験群」、それとの比較測定のため「新成分A」を統制した（除去した）「なし」水準の実験参加者グループのことを「統制群」と呼ぶので、このことも覚えておいてほしい。

実験参加者内配置

　実験参加者間の実験計画を用いる場合、条件の数が多くなればなるほど多くの実験参加者が必要になる。上の例では、実験参加者を合計20人と想定して各条件に割り振ったため、各条件の実験参加者数は5人〜10人と比較的少数であった。しかし、実際に行われている心理学の研究では、各条件の実験参加者が数人というケースはごく稀であり、多くの研究ではより多くの実験参加者を配置することが一般的である（割り振られる人数は研究によって異なるが、実験参加者数を多くする（サンプルサイズを大きくする）ことで安定した結果を得ることができる。この点に関しては、大久保・岡田（2012）なども参照）。しかし、さまざまな制約のために実験参加者を十分に集められなかったり、実験参加者に複数の条件を経験してもらった方が研究目的により整合するような場合もありうる。このようなときには実験参加者を各条件のいずれか1つに割り振るのではなく、用意されたすべての条件に割り振る（すべての実験参加者がすべての条件を経験する）というやり方の方が適していよう。この方法を用いれば、はじめに20人の実験参加者を用意しておけば、条件がいくつになっても結果的に各条件に20人が割り振られることになる。このように実験参加者を配置する場合、要因が1つであれば「1要因実験参加者内配置の実験計画」などと呼ぶ。実験参加者内の実験計画には、少数の実験参加者を用いて効率よく実験を行えるというメリットがある。しかし一方で、実験参加者は似通った実験をいくつも経験しなければならなくなる（新成分A入りのチョコレートのほろ苦さを評価したら、今度は従来のチョコレートのほろ苦さを評価する、のように）ので、実験参加者間の実験計画よりも実験参加者にとっては負荷の大きい実験計画であることも承知しておかねばならない。あるいは、複数の実験を経験することで、前の実験が後の実験に対して練習効果をもたらしたり（次節参照）、実験への参加の動機づけを低下させてしまうような事態を招くこともありうる。結局のところ、実験参加者間・実験参加者内のどちらの実験計画（あるいは、それらの混合した実験計画）を用いるかは、研究目的に照らしていずれが適切かをよく吟味した上で決定されることが肝要なのである。

Table 1

実験参加者間配置の場合の実験参加者数 (*n*=20)[2]

第1要因		第2要因	
第1水準	第2水準	第1水準	第2水準
参加者1	参加者6	参加者11	参加者16
参加者2	参加者7	参加者12	参加者17
参加者3	参加者8	参加者13	参加者18
参加者4	参加者9	参加者14	参加者19
参加者5	参加者10	参加者15	参加者20

Table 2

実験参加者内配置の場合の実験参加者数 (*n*=5)

第1要因		第2要因	
第1水準	第2水準	第1水準	第2水準
参加者1	参加者1	参加者1	参加者1
参加者2	参加者2	参加者2	参加者2
参加者3	参加者3	参加者3	参加者3
参加者4	参加者4	参加者4	参加者4
参加者5	参加者5	参加者5	参加者5

　ここで、これまで述べてきた要因、水準および実験参加者の配置の関係を整理し、Table 1および Table 2に示しておく。

　以上が、なぜ変数を複数用意したり実験参加者をある単位に割り振ったりする必要があるのかの説明であったが、おわかりいただけたであろうか。

5. 剰 余 変 数

　ここまで準備ができれば、もうすぐにも実験……とはまだいかない。もう少しだけ注意を要することがある。実験の主な目的は、ある事象と他の事象とのあいだの因果関係を明らかにすることであった。すなわち、ある事象（従属変数の変化）が生じた原因を他の事象（独立変数）によって説明するための実験なのであるが（前節でも述べたが、独立変数（要因）は1つとはかぎらない）、従属変数の変化というものは、独立変数によって100％説明できるわけではない、という点に注意しておいてほしい。実験をしたときの環境の違いやその日の実験参加者の体調の良し悪しなど、実験者が想定していなかったさまざまな要因が、常にある程度は結果に影響を及ぼしてしまうものなのである。このような、実験者が当初想定していなかった、従属変数に影響を及ぼす独立変数以外の変数のことを剰余変数と呼ぶ。この剰余変数には、統制（この場合の統制とは、実験者の努力によって従属変数への影響を防ぐこと）が比較的容易なものからそうでないものまであるのだが、そもそも因果関係を解明するために実験を行うのであるから、独立変数による従属変数の変化の説明可能性が最大となるよう、剰余変数はできるかぎり除去されるか各条件において一定に保たれることが望ましい。なお、剰余変数の代表的な例を宮谷・坂田（2009）、利島・生和（1993）を参考に以下にあげておく。

（1）実験者効果

　通常実験者は、仮説通りの結果が得られるようにと期待を込めて実験を行うものである。しかし、ときにはこの期待が言動にも現れてしまい、実験参加者の反応を結果的に歪めてしまうことも起こりうる。このように、実験者の存在が従属変数の変化に影響を及ぼして

しまうことを実験者効果と呼ぶ。たとえば、実験者が実験参加者に対して行う教示（教示の具体例は第2章以降を参照）の端々に、実験参加者に対して「実験者は自分たちにこのように反応してほしいと思っているんだな」と感じさせてしまうような誘導的な文言や表現があったりすると、実験者の望む方向の結果は得られたとしても、独立変数の影響を正しく評価することはできなくなってしまう。このような結果にならないために、実験者は実験に必要な段取りや一連の流れを熟知し、どの条件に対しても適切な教示を中立的な態度で行えるよう、十分過ぎるほどに準備をしてから実験に臨むことが重要なのである。要するに、実験者は「実験者役」に徹するということである。

（2）実験参加者効果

　実験者はしばしばある期待を抱いて実験に臨むものだが、実験参加者もまた同様である。実験参加者は、「実験」という特殊な状況における望ましい反応の仕方を実験の間中考えているかもしれないし、はじめて接する実験室の雰囲気に興奮したり不安を感じているかもしれない。また、私たちにとって実験に参加するということ自体がそもそも新鮮な経験なので、実験参加者は実験に関連するあらゆる刺激（実験室の雰囲気や実験道具、実験者の存在や教示など）にとても左右されやすい状態に置かれていると考えることもできる。実験者は、実験参加者が実験に直接関係のない感情を喚起したり反応をしたりすることをできるだけ減らすための十分な配慮をし、実験参加者が「実験参加者役」に徹することができる環境を整えることが重要である。実験者は、独立変数の影響が正しく評価されうるための努力を惜しんではならない。

（3）練 習 効 果

　前節でも述べたが、実験参加者内の実験計画では、実験参加者は複数の似通った実験を経験することになるので、前の実験が後の実験に対して練習効果をもたらすことがある。つまり、条件A→条件Bの順序で実験を実施した場合、条件Bで得られた結果には、条件Bで与えられた独立変数の影響のほかに、条件Aでの実験結果（すなわち、条件Aで与えられた独立変数の影響）が反映されてしまう可能性があるということである。前の条件の独立変数の影響が次の条件に持ち越されるので、キャリーオーバー効果ともいう。これを防ぐために、カウンターバランスという方法がとられている。すなわち、ある実験参加者には「条件A→条件B」の順序で、他の実験参加者には「条件B→条件A」の順序で実験に参加してもらうような実験計画を立てるのである。カウンターバランスの詳細については、宮谷・坂田（2009）などを参照されたい。

6. 「研究」の流れのなかでの「実験」の位置づけ

　読者はここまで述べてきたことをふまえ、次章以降で実際の実験を体験することになる。ただ、実験とは「実験が終わればそれで終わり」ではない。次章以降でも記述のある通り、実験が一通り終わったら、実験の一連の流れや実験結果をレポートにまとめる必要がある。ここまで完成して、はじめて本当の意味で実験が終わったことになる。しかし、何ゆえにレポートを書く必要があるのだろうか。それは、心理学（他の学問でも同様だが）における「実験」が、ある研究における一連の過程の1つにすぎないからである。第1節でも述べたように、心理学のような科学的な研究では、人の心に関するなんらかの事象を解明しようとするとき、実験という方法を用いて（もちろん、実験以外の方法を用いることもあるが）客観性の高いデータを収集し、当初の目的である事象の解明を達成しようとするのである。つまり「実験」とは、実験を行うこと自体が目的なのではなく、ある1つの研究におけるなんらかの具体的な目的を達成しようとするときの「方法」にすぎないのである。実験を行う以上、それを行わなければならない研究上の「目的」があり、その「目的」を達成するための妥当な方法として「実験」が実施され、その実験で得られたデータをもとに「結果」を記述し、当初の目的がどれだけ達成できたのかを「考察」し、そして「それらの報告」をするという一連の過程が存在するのである。ちなみに、この「それらの報告」にあたる部分が一般に「論文」と呼ばれているものである。そして、心理学基礎実験では、この部分が「レポート」に相当することになる。

　さらに、研究上の「目的」を具体的に設定するためには、なんらかの解明したいと思う事象に着眼できるかどうか、ある事象になんらかの疑問（問題意識）をもてるかどうか、ということが大きくかかわってくる。第1節に、心理学で扱うことのできる事象は世のなかにあふれるほどあると述べたが、いくらあふれるほどの事象があるからといって、それらに対して何の疑問（問題意識）ももたずにいるのであればそもそも研究はスタートしない。第1節で、常日頃「なんでだろう？」という疑問符を頭の片隅に置いておくと、なんでこういう事象が起きるのだろうという疑問（問題意識）が自然と湧いてくるようになり、こうなると心理学を好きになるのも時間の問題と述べたが、これは大げさな表現ではないことがおわかりいただけるだろう。「問題意識」がないと具体的な研究上の「目的」の設定にはつながらない。これがあることではじめて具体的な研究をスタートさせることが可能になるのである。

　このように、「問題意識」は研究上の具体的な「目的」を設定するための前提条件ともいえるので、これらをあわせて「問題と目的」と表現することもある。すなわち、研究とは、一般的には「問題（と目的）」→「方法」→「結果」→「考察」→「それらの報告」という順番に進行していくものなのである。「実験」とは上記の「方法」の一手法であり、それを行うこと自体が目的ではないので、心理学基礎実験で行った実験も「問題」から「考

察」までを含むレポートとして最終的に「報告」（提出）される必要があるのである。

　こうしてみると、心理学基礎実験とは、心理学の研究をするための基礎的なトレーニングを行う科目であると言ってよいかもしれない。一つひとつの実験テーマを確実にこなしていくことで、1つの研究の開始から終了までのミニチュア版をいくつも体験できるからである（もちろん、心理学基礎実験は授業なので、「問題（と目的）」はあらかじめ用意されているわけだが）。こう考えると、心理学基礎実験はとても贅沢な科目といえるのではないだろうか。次章以降に心理学における諸研究のミニチュア版が展開されているので、その魅力的な世界を授業で、あるいは事前事後の学習で大いに堪能してみてほしい。

引 用 文 献

狩野　裕・三浦　麻子（2007）．グラフィカル多変量解析（増補版）　現代数学社

宮谷　真人・坂田　省吾（編）（2009）．心理学基礎実習マニュアル　北大路書房

大久保　街亜・岡田　謙介（2012）．伝えるための心理統計——効果量・信頼区間・検定力——　勁草書房

利島　保・生和　秀敏（編）（1993）．心理学のための実験マニュアル——入門から基礎・発展へ——　北大路書房

注

1）質問紙法など実験以外の方法を用いた場合でも、2つあるいはそれ以上の事象間（変数間）の関係を明らかにすることはできる。しかしその場合に明らかになるのは、実験を行ったときのような因果関係ではなく、多くは変数間の関係性だけである。つまり、ある変数とそれ以外の変数の関係が、原因と結果の関係にあるかどうかではなく、単に変数間になんらかの関係があるかどうかを知ることができるということである。ただし、近年開発された分析手法を用いれば、質問紙法で収集されたデータを用いても変数間の因果関係を推定することが可能ではある。詳細は狩野・三浦（2007）などを参照されたい。

2）「n」とは「number」の略で、データの数を表すときに用いる。「$n=20$」であれば、データの数が20、つまり実験参加者が20人と解釈できる。

2 ミュラー・リヤー錯視

図を見てみよう。何が見えるであろうか。ＡとＢの２つの線分は同じ長さに見えるだろうか、それとも異なって見えるだろうか。私たちの目に見える世界と物理的世界は同じであるのか、それとも異なるのか。本章では、そのような現象である「錯視」について学ぶ。

Figure 1
ミュラー・リヤー錯視図

■ 1．実験の手続き ■

〈実験に必要なもの〉

・ミュラー・リヤー錯視図セット（以下の比較刺激（Figure 1のＡに相当）と標準刺激（Figure 1のＢに相当）から成る錯視図のセットである）

　　比較刺激：斜線（矢羽）の長さと角度が、15mm30°、30mm15°、30mm30°、30mm60°、35mm30°、45mm30°の6種類があり、いずれも主線（水平線分）の長さは連続的に変化し、斜線は外向き。

　　標準刺激：主線と斜線の長さは一定で、斜線は内向き。

・記録用紙（資料2-1）

・鉛筆

・計算機

〈全体の流れと実験手続〉

【座席に着席】

　受講生（実験参加者）は２人ペアに分かれる。そして、一方に実験者、もう一方に実験協力者の役割を割り当てる（一通りの実験が終了した後に役割を交代し実験者と実験協力者の役割を両方経験することも可能である）。実験者は実験を行い、記録を取る。実験協力者は実験に参加し、回答する。３人組の場合は、実験者、記録者、実験協力者の３つに分かれる。

⇩

【ミュラー・リヤー錯視図セット・記録用紙の配付】
　各ペアにミュラー・リヤー錯視図セットを１セットずつ、記録用紙は１人あたり１枚配付する。

↓

【教員からの教示（以下、教示）】
　「実験者は器具の仕様を確認してください。器具の裏側にはゼロ地点からの錯視量が測定できるように目盛がついています。器具をスライドして、動かしてみてください。」

↓

【教示】
　器具をスライドさせたり、目盛の位置を動かしたりして見せながら、器具の確認をさせる。
　「ペアのうち実験者（３人組の場合は記録者）はミリ単位で測定し、記録用紙に記入してください。測定結果は実験が終了するまで実験協力者には知らせないでください。器具の裏面にはスケールが書かれているので、実験者はそのスケールの値を読んでください。スケールには標準刺激の主線と同じ長さの場合は『０（ゼロ）』、標準刺激の主線より短い場合は『－（マイナス）』、長い場合には『＋（プラス）』が表示されています。」

↓

【教示】
　「比較刺激をもっとも短い状態（器具を完全に重ね合わせた状態）にして、実験協力者が徐々に長くしながら調整できる状態（上昇系列）を４回、比較刺激をもっとも長い状態にして、実験協力者が徐々に短くしながら調整できる状態（下降系列）を４回、計８回の試行を実施してください。実施順序は①30mm・15°、②30mm・30°、③45mm・30°、④30mm・60°、⑤15mm・30°、⑥35mm・30°であり、各々８回（上昇系列４回・下降系列４回）実施してください。呈示順序は記録用紙に書いてありますので、その通りに進めてください。」
　実験者は記録用紙を確認する。

↓

【教示】
　「実験に先立ち、実験者は実験協力者に以下の２点の教示を行ってください。あまり深く考え込まないように回答してください。図形全体を見て長さの判断を行ってください。」

↓

【教示】

　「実験協力者にミュラー・リヤー錯視図セットのうちの器具1つを手渡してください。実験協力者は器具を持ち、比較刺激と標準刺激を比較しながら主線が同じ長さに見えるところまで延ばしてください。そして、比較刺激と標準刺激が同じ長さに見えたところで実験者（記録者）に器具をそのままの状態で渡してください。」

【ペア別に実験を開始】
記録用紙の順序に従い、すべてのデータを収集する。

【実験の終了】

【教示】

　「実験協力者がすべての試行を終了したら、次の人（先に実験者となった人）が実験協力者となってください（以降、くり返し）。」

【ペア別に次の実験を行う】

〈データの整理〉

・上昇系列の平均値、下降系列の平均値を求める。
・全体（全施行）の平均値を求める。
・グループごとに記録用紙に ID を振る。たとえば、2人ペアが5組の授業では、10人の実験参加者がいるため、ID を1番から10番まで振る。
・グループ内の全実験参加者の平均値を一つの Excel ファイルなどにまとめる。
・グループ内の実験参加者の平均値、標準偏差を求め、表を作成する（「3. レポートの内容」の Table 1を参照）。

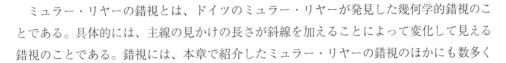

2. テーマの解説：ミュラー・リヤーの錯視とは？

　ミュラー・リヤーの錯視とは、ドイツのミュラー・リヤーが発見した幾何学的錯視のことである。具体的には、主線の見かけの長さが斜線を加えることによって変化して見える錯視のことである。錯視には、本章で紹介したミュラー・リヤーの錯視のほかにも数多く

の錯視が存在する。たとえば、ヘリングの錯視、ポンゾの錯視、エビングハウスの錯視などがあげられる（斉藤, 1996）。また、近年では、コンピュータグラフィクスが簡便に扱えるようになったことにより、さまざまな錯視の変形版をすぐに作成することもできるようになった（Ninio, 1998）。

　錯視には大きさの錯視、位置の錯視、傾きの錯視といったいくつかの種類があり、本実験で取り上げるミュラー・リヤーの錯視は大きさの錯視に分類される。また、大きさの錯視には長さの次元（一次元）における錯視と大きさ（面積）の次元（二次元）における錯視の２種類がある。ミュラー・リヤーの錯視は、線分の両端に矢羽を内側に向けてつけると短く見え、矢羽を外側に向けてつけると長く見える現象である。錯視量が大きいため、さまざまなテキストや教科書に紹介されている（たとえば、北岡, 2011; 斉藤, 1996）が、そのメカニズムは必ずしも明らかとなってはいない。しかしながら、北岡（2011）はわれわれの知覚が内向図形は近くに見え、外向図形は遠くに見えることから、大きさの恒常性の誤作動により線分の長さが違って見えると考える線遠近法説、あるいは網膜や脳における画像処理によって線分の端の位置がずれて見えると考える位置の変位説がこのような錯視現象の解釈として好まれていると述べている。

✚ 3. レポートの内容 ✚

問　題

・ミュラー・リヤーの錯視について説明を行う。
・また、過去のミュラー・リヤー錯視に関する研究を概観する。
・その上で、今回は何を明らかにしようとするのか、本実験の目的、仮説を記載する。
　　（例：ミュラー・リヤー錯視図を使って、斜線の長さや角度が錯視に及ぼす影響を調べる。）

方　法

実験参加者
　実験に参加した人数を男女ごとに示す。あわせて全実験参加者の年齢の平均値、標準偏差を示す。

実験計画
　実験デザイン、独立変数と従属変数について記載する。

実験日時と場所
　実験を実施した日時と場所を記載する（例：心理学実験室）。

実験器具
　実験で用いたものを記載する。

手続き

　どのような手続きで実験が行われたのか、網羅的に示す。実験をしていない人がこのレポートを読んで、同じ実験ができるように過不足なく記載する。今回の実験では、以下の点について記載する。

・実験参加者は実験に際してどのような教示を受けたか（第1節を参照）。

・実験器具の呈示の仕方について。

・どのような試行をどのような順序で何回実施したか。

・記録の取り方について。

結　果

・斜線の長さを30mm に固定したときの斜線の角度が15°、30°、60°の錯視量の記述統計量（平均値と標準偏）を示す（Table 1参照）。

・その平均値について図を作成する（Figure 2参照）。

・斜線の角度を30°に固定したときの斜線の長さが15mm、30mm、35mm、45mm の錯視量の記述統計量（平均値と標準偏差）を示す（Table 2）参照。

・その平均値について図を作成する（Figure 3参照）。

・図表を作成する際にはタイトルを書き、グラフの縦軸・横軸の単位などを記す。

・統計的仮説検定を行った場合はそのことを示す。

Table 1
斜線の長さを30mm に固定したときの各角度における記述統計量

	30mm15°	30mm30°	30mm60°
M			
SD			

Figure 2
斜線の長さを30mm に固定したときの各角度における錯視量の平均値（例）

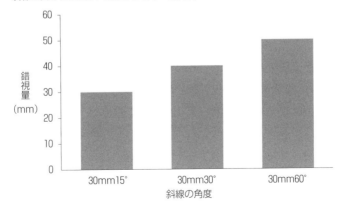

Table 2

斜線の角度を30°に固定したときの各長さにおける記述統計量

	30° 15mm	30° 30mm	30° 35mm	30° 45mm
M				
SD				

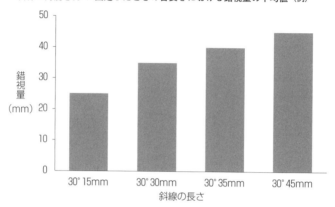

Figure 3

斜線の角度を30°に固定したときの各長さにおける錯視量の平均値（例）

考　察

・本実験の目的・仮説を再び記載する。

・少なくとも以下の2点について、異なっていたか、あるいは異なっていなかったか確認
　し、どうしてそのような結果になったのか、第2節で引用した文献などをもとに客観的
　な根拠をあげながら、自分の論を展開する。

　①斜線の長さを30mmに固定したときの斜線の角度（15°、30°、60°）が錯視に及ぼす影
　　響を明らかにする。

　②斜線の角度を30°に固定したときの斜線の長さ（15mm、30mm、35mm、45mm）が錯視に
　　及ぼす影響を明らかにする。

・結果的に仮説が支持されたかどうかについても記載する。

・そのほか、考えられること、改善点、今後の課題などを記載する。

引　用　文　献

北岡　明佳（編）（2011）．知覚心理学　いちばんはじめに読む心理学の本5　ミネルヴァ書房
Ninio, J. (1998). La Science des Illusions. Odile Jacob.
　　（ニニオ，J. 鈴木　光太郎・向井　智子（訳）（2004）．錯覚の世界——古典からCG画像まで——　新曜社）
斉藤　勇（1996）．イラストレート心理学入門　第2版　誠信書房

　「ミュラー・リヤーの錯視」実験で得られたデータは実験参加者内分散分析を用いて分析することも可能である。

資料2-1 記録用紙

実験協力者 _____

実験者 _____

試行順序	試行系列	標準刺激の位置	斜線の長さと角度					
			30mm	30mm	45mm	30mm	15mm	35mm
			15°	30°	30°	60°	30°	30°
1	上昇系列	右						
2	下降系列	左						
3	下降系列	右						
4	上昇系列	左						
5	下降系列	右						
6	上昇系列	左						
7	上昇系列	右						
8	下降系列	左						
	上昇系列平均							
	下降系列平均							
	全体平均							

20

3 大きさの恒常性

　人間が遠ざかっていくシーンを思い出してもらいたい。もし網膜像のみを考えるのであれば、遠ざかっていくにつれて網膜像に映る人間の大きさは小さくなる。しかし、私たちは遠ざかっていく人間が実際に小さくなったと思うだろうか。実際には、人間が小さくなったとは思わず、一定の大きさとして認識しているであろう。

✚ 1．実験の手続き ✚

〈実験に必要なもの〉

- 標準刺激：厚紙やベニヤ板などで作成した、一辺が200mmの白色正方形板（直径が200mmの円板や一辺が200mmの正三角形などを用いてもよい）。
- 比較刺激：標準刺激と同形であり、一辺が80mmから224mmまで、段階的に8mmずつ大きさが異なる19枚の正方形板。なお、予備試行として標準刺激よりも明らかに小さく見えるものから明らかに大きく見えるものを多数作成し、そのなかから実験するのに十分な範囲の刺激を選択して実験に用いてもよい。
- 刺激を設置する台×2：比較刺激、標準刺激を設置するための台。
- 椅子×2：刺激の高さに目線を合わせる必要があるため、実験参加者用は高さを変えられるもの。
- 単眼円筒視用の筒：視野を制限するための筒。厚紙などで作成する、あるいはラップの芯などを利用してもよい。なお、円筒の内側は黒色などで彩色を施しておくこと。
- ランダムカード：実験実施の順番を決定するためのもの。カードには両眼視条件、単眼視条件、単眼円筒視条件の3つの条件を書いておく。
- 卓上ライト×2：比較刺激、標準刺激を照らすもの。ただし、使用するライトの電球や機種を同一にするなど、両刺激の明るさが同様となるように留意する必要がある。
- データ記録用紙×3枚／1人：章末の資料3-1のデータ記録用紙をコピーするなどして、1人につき3枚配付する。

〈全体の流れ〉

【実験室のセッティング】

比較刺激、標準刺激をそれぞれ実験参加者から2m、4mの距離に配置し、実験参加者を中心として30°の位置になるように注意する（Figure 1）。また、各刺激が実験参加者の目線の位置になるように椅子の高さを調整する。

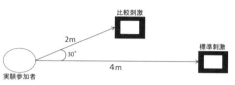

Figure 1
本研究における実験セッティング図

⇩

【グループ分けとデータ記録用紙の配付】

実験は2人1組で行う。最終的に実験参加者全員の測定値の平均を算出するため、5〜6人程度（3組）のグループを作ることが望ましい。1人につき3枚のデータ記録用紙（資料3-1）を配付する。

⇩

【実験室への入室】

実験室へは実験者と実験参加者のみ入室する。その他のメンバーは、実験の支障とならない場所で静かにして待機する。

⇩

【実験の開始】

⇩

【1組目のグループの実験終了】

1組目の実験が終了したら、順次、他の組も同様の手順で実験を行う。

〈実験手続き〉

本実験では極限法を用い、標準刺激の「見え」の大きさと等しい大きさに見えるまで比較刺激の大きさを調整する（極限法の説明は本章「トピック」を参照）。

【実験参加者が実験室に入室・椅子に着席】

実験者は実験参加者を所定の位置に座らせ、楽な姿勢、気持ちで実験に臨むように促す。その後、実験参加者の目線と比較刺激、標準刺激の高さが同じになる

ように、椅子の高さを調節する。

⇩

【実験者の教示（以下、教示）】

実験の説明

「それでは、大きさの恒常実験を始めます。これからさまざまな大きさの白い四角形を呈示しますが、標準刺激の白い四角形と比較して、比較刺激の白い四角形の『見え』の大きさを、『大きい』、『小さい』、『等しい』のどれかで私（実験者）に知らせてください。その際、実際の物理的な大きさではなく、『見た目』の大きさを基準にするように注意してください。」

⇩

【教示】

観察条件の決定

「最初に、観察条件の順番を決めます。この3枚のカードを好きな順番に引いてください。」

ランダムカードで1番目から3番目までの観察条件（両眼視条件 or 単眼視条件 or 単眼円筒視条件）を無作為に決定する。なお、系列の呈示順序は、いずれの条件も上-下-下-上-下-上-上-下-上-下-下-上とする。

⇩

【第1試行（上昇系列）の開始】

第1試行目の上昇系列では、実験者は標準刺激よりも明らかに小さい図形から実験参加者に提示し、その後は段階的に8mmずつ大きな比較刺激に変更し呈示していく。比較刺激の大きさを変化させるごとに、実験参加者はその図形が標準刺激よりも小さい（−）か、大きい（＋）か、等しい（＝）かの判断を行い、実験者はその反応を資料3-1のデータ記録用紙に記号で記入する（Table 1）。上昇系列では、比較刺激が標準刺激よりも「大きい（＋）」と実験参加者に判断された段階で試行を終了する。

Table 1
結果の整理例

系列 SC (mm)	1 上昇	2 下降	3 下降	......	11 下降	12 上昇
224						
216					+	
208		+	+		+	
200		+	+		+	
192		+	+		+	
184	+	=	+		=	
176	=	=	=		=	+
168	=	−	=		=	=
160	=		=		−	=
152	−		−			
144	−					−
⋮	⋮			......		
104	−					−
96	−					−
88	−					
80	−					
Lu	180	188	180		188	172
Ll	156	172	156	......	164	164
PSE	168	180	168		176	168

【第2試行（下降系列）の開始】

　第2試行の下降系列では、標準刺激よりも明らかに大きい図形から呈示し、その後8mm ずつ小さな比較刺激を呈示する。比較刺激の大きさを変化させるごとに、実験参加者はその図形が標準刺激よりも小さい（ー）か、大きい（＋）か、等しい（＝）かの判断を行い、資料3-1のデータ記録用紙に記号を記入する。下降系列では、比較刺激が標準刺激よりも「小さい」と判断された段階で試行を終了する。

⇩

【第3試行～第12試行の開始】

　それぞれの系列順に従って、同様の手続きで実験を行う。

⇩

【残りの2条件の実験実施～実験終了】

　1つの観察条件につき12試行を行い、3つの観察条件で計36試行を行ったら実験を終了する。

⇩

【実験者と実験参加者の役割交代】

　実験者と実験参加者の役割を交代し、同様の手続きで実験を行う。以上の手続きを同じグループ全員が実施する。

〈データの整理〉

　（1）上限閾（Lu）と下限閾（Ll）の算出

　両眼視条件、単眼視条件、単眼円筒視条件のそれぞれについて（12試行ずつ）、以下の手続きで上限閾、下限閾を算出する。

　上限閾（Lu: upper limen）とは、標準刺激の大きさと比較したとき、比較刺激の大きさが「等しい（＝）」から「大きい（＋）」に移行する際の中点を指す。Table 1の1試行目を例にとると、比較刺激を「大きい（＋）」（184mm）と判断する直前に「等しい（＝）」と判断した値は176mm であり、両値の中点は180mm となる。

　一方、下限閾（Ll: lower limen）とは、標準刺激の大きさと比較したとき、比較刺激の大きさが「等しい（＝）」から「小さい（ー）」に移行する際の中点を指す。先ほどの例の1試行目では、比較刺激を「等しい（＝）」（160mm）と判断する直前に「小さい（ー）」と判断した値は152mm であり、両値の中点は156mm となる。

同様の手続きで、残りの試行についてもLuとLlを算出する。

（2）主観的等価点（PSE: point of subjective equality）の算出
　　LuとLlの平均値を求め主観的等価点とする。主観的等価点（PSE: point of subjective equality）とは、2つの対象のある属性が主観的に等しく知覚されることをいう。Table 1の1試行目を例にすると、Luは180mm、Llは156mmであり、2つの値の平均値を算出するとPSE ＝（180mm ＋ 156mm）／ 2 ＝168mmとなる。同様に、すべての試行についてもPSEを算出し、最終的に平均PSEを算出する。

（3）各条件の大きさの恒常度（ThoulessのZ指数）の算出
　　条件ごとの大きさの恒常性の程度を測定するために、現在もっとも広く用いられている指数であるThoulessのZ指数を算出する。Z指数は0〜1の範囲で表され、$Z=0$は恒常性が全くないことを表し、$Z=1$は恒常性が完全であることを表している。
　　条件ごとに12試行全体のPSEの平均値を算出し、ThoulessのZ指数を算出する。これは、以下のように定義されている。
　　　$Z = (\log S - \log P) / (\log W - \log P)$
　　ただし、Z＝恒常度、S＝PSE、P＝比較刺激の提示距離で標準刺激と等しい視角となる比較刺激の大きさ（本実験では100mm）、W＝標準刺激の大きさ（本実験では200mm）とする。

（4）実験参加者個人、実験参加者全体の測定値の記入
　　（2）と（3）で算出された、実験参加者個人の測定値（平均PSE、標準偏差、恒常度）をTable 2（「3. レポートの内容」を参照）に、同様に、実験参加者個人の測定値をグループで共有し、グループ全体の測定値をTable 3（「3. レポートの内容」を参照）に記入する。

✚　2. テーマの解説：大きさの恒常とは？　✚

　　私たちの眼球はカメラにたとえられることがあり、眼球とカメラはさまざまな点で類似した機能をもっている。カメラでは、ある対象への距離が2倍になれば写るものの大きさは2分の1となり、負の相関関係がみられる。眼球も同様に、対象までの距離が2倍にな

れば網膜に映る対象の大きさは2分の1になる。ただし、両者の違いは、眼球においては物理的に網膜像が半分の大きさになったとしても、私たちは対象の大きさが半分になったとは認識しないという点である。冒頭の例を思い出してもらいたい。人間が遠ざかっていくシーンで、人間が実際に小さくなったとは思わずに一定の大きさとして認識しているのは、私たちが対象を知覚するときに網膜像の「大きさ」だけでなく、「奥行き」も情報として取り入れるためであると考えられている。

　このように、ある対象との距離が変化しても「見え」の大きさが一定の大きさに保たれる現象を「大きさの恒常性」(size constancy) という（大島, 1984）。この現象について、Holway& Boring (1941) はいくつかの条件を設けて実験的に検証した。実験状況の設定は、実験参加者 (*O*) から比較刺激までの距離 (*Dc*) を10ft（1 ft=30.48cm）に固定し、実験参加者から標準刺激までの距離 (*Ds*) を10ft 〜 120ft（約3 m 〜 37m）の範囲に設定した（Figure 2）。彼らは、この範囲内のさまざまな距離から、直径の異なる円形光を網膜像の大きさが等しくなるようにプロジェクターで大きさを変えて呈示し、そのときに実験参加者が知覚した「見え」の大きさを測定した。なお、観察条件は、①両眼視（両目で観察）、②単眼視（片目で観察）、③単眼視＋人工瞳孔（目の前にある小さな穴から観察）、④人工瞳孔＋還元トンネル（実験参加者から標準刺激までのあいだにトンネルを設置して観察）の4条件であった。その結果、両眼視条件と単眼視条件では、実験参加者から標準刺激への距離が遠くなるほど、「見え」の大きさを大きく判断しており、大きさの恒常性がみられた（Figure 3）。一方で、単眼視＋人工瞳孔条件や人工瞳孔＋還元トンネルの条件では大きさにおける恒常度は減少しており、より網膜像の大きさに近似する傾向があった。

　この結果から、奥行き（距離）に関する手がかりが豊富なほど大きさの恒常性は高くなり、この手がかりが人工瞳孔や還元トンネルで制限されて奥行き（距離）に関する情報が少なくなるほど、大きさの恒常性が生じづらくなることが明らかとなった。

Figure 2
Holway & Boring（1941）の大きさの恒常実験セッティング図

O: 実験参加者
Pc, Ps: プロジェクター
Sc: スクリーンに映し出される円形光（比較刺激）
Ss: スクリーンに映し出される円形光（標準刺激）
Dc: 実験参加者から比較刺激までの距離
Ds: 実験参加者から標準刺激までの距離

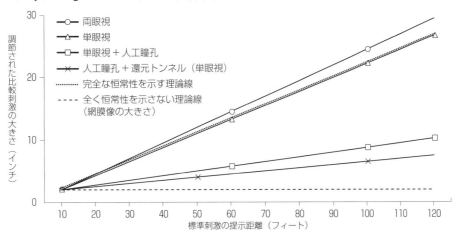

Figure 3
Holway & Boring（1941）による大きさの恒常性実験の結果

調節された比較刺激の大きさ（インチ）

- —◯— 両眼視
- —△— 単眼視
- —□— 単眼視＋人工瞳孔
- —✕— 人工瞳孔＋還元トンネル（単眼視）
- ……… 完全な恒常性を示す理論線
- ---- 全く恒常性を示さない理論線
  （網膜像の大きさ）

標準刺激の提示距離（フィート）

3．レポートの内容

問　題

　大きさの恒常性に関する日常における例、大きさの恒常性研究が行われるまでの歴史的背景や先行研究について記述する。また、本実験では何を明らかにするのか（目的）、どのような結果が予想されるのか（仮説）を、根拠を示しながら記述する。

方　法

実験参加者

　実験に参加した人数・性別・年齢の平均値、標準偏差などを記載する。

実験計画

　独立変数、従属変数として設定するものについて記載する。

実験日時と場所

　実験日時と場所を記載する。

実験器具・刺激

　使用した実験器具、刺激はできるだけ詳細に記載する。本実験のように、実験刺激を自作する場合には、刺激の大きさ、材質など過不足なく記載する必要がある。また、既存の実験器具を使用する場合には、器具・装置の製造元、品名、型番などを記載する。

実験手続き

　大きさの恒常性の実験を経験したことがない人でも、レポートを読んだだけで実験が再現できるように留意する。とくに、本実験では上昇系列、下降系列の際の実験参加者の反

応の記載方法（＋、−、＝）などについても詳細に記載すること。

Table 2
実験参加者の測定値の平均、標準偏差および恒常指数
（個人用）

	両眼視	単眼視	単眼円筒視
平均 PSE			
恒常指数（Z）			
標準偏差（SD）			

Table 3
グループ全体の測定値の平均、標準偏差および恒常指数（全体用）

	両眼視	単眼視	単眼円筒視
平均 PSE			
恒常指数（Z）			
標準偏差（SD）			

結　果

　データ記録用紙（資料3-1）に、各試行の Lu, Ll, PSE を記入した後、そのデータをもとに実験参加者個人の観察条件別の平均 PSE、恒常指数、標準偏差を算出し Table 2に記入する。その後、グループ内で Table 2のデータを共有し、グループ全体の観察条件別の平均 PSE、恒常指数、標準偏差を算出し Table 3に記入する。なお、ここでの標準偏差とは、恒常指数の標準偏差とする。Table 3のデータをもとに、観察条件を横軸、恒常指数を縦軸とする棒グラフを作成し、説明を行う。また、統計的仮説検定を行った場合には、その結果についても記述する。

考　察

・観察条件（両眼視、単眼視、単眼円筒視）によって、PSE や恒常指数が異なるか、また、異なる場合にはどのようなことが理由と考えられるか。
・本実験における問題点や課題を指摘する。
・余裕がある場合には、結果の部分で条件ごとに上昇系列、下降系列に分けて PSE を算出し、両系列で差が認められるか、認められる場合にはその理由について述べる。
・考察のために、以下の点について事前に班のなかで意見をまとめておくとよい。
　①実験実施時における実験室外の音環境の影響について。
　②実験参加者の視力の平均値を求め、その影響を検討。
　③実験参加者の性別による違いがあるか。

引 用 文 献

Holway, A. H. & Boring, E. G.（1941）. Determinants of apparent visual size with distance variant. *American Journal of Psychology, 54,* 21-37.　https://doi.org/10.2307/1417790
大島 尚（1984）. 視空間知覚　大山 正（編）　実験心理学　東京大学出版会

・**極限法とは**：極限法とは、「実験者」が刺激の次元を一定方向に、一定のステップで小刻みに変化させて測定する方法である（苧阪, 2007）。たとえば、極限法の一種である上下法で主観的等価点（PSE）を測定する場合、刺激強度の弱いものから強いものを順に呈示したり（上昇系列）、逆に、刺激強度の強いものから弱いものを順に呈示し（下降系列）、標準刺激と比較して比較刺激を「大きい」、「小さい」、「等しい」の3件法で評価する。これを複数試行くり返すことで、実験参加者の刺激に対する反応を定量的に表すことが可能となる。

・**実験の試行数について**：本実験では、両眼視条件、単眼視条件、単眼円筒視条件の各3条件で合計36試行を行うことになる。これには時間と労力を要するため、時間的、物理的制約を伴う場合には試行数を減らすことも可能である。ただし、上昇系列と下降系列の試行数を同数にするなどの配慮が必要である（たとえば、上昇系列、下降系列が各4試行ずつ、など）。

・**結果の追加分析**：観察条件（両眼視、単眼視、単眼円筒視）を独立変数、PSE、恒常度数を従属変数とする実験参加者内1要因分散分析を行い、観察条件によってPSEおよび恒常度数が異なるかを統計的仮説検定で検討することができる。

引 用 文 献

苧阪 直行（2007）. 精神物理学的測定法　大山 正・今井 省吾・和気 典二（編）　新編感覚・知覚心
　　理学ハンドブック Part2　誠信書房

資料3-1　データ記録用紙

系列 SC (mm)	1 上昇	2 下降	3 下降	4 上昇	6 上昇	7 上昇	8 下降	9 上昇	10 下降	11 下降	12 上昇
224											
216											
208											
200											
192											
184											
176											
168											
160											
152											
144											
136											
128											
120											
112											
104											
96											
88											
80											
Lu											
Ll											
PSE											

＿＿＿＿＿＿＿＿＿＿＿＿＿＿＿＿＿＿条件のデータ記録用紙

 **4** # ストループ効果：紙版による測定

学生食堂のお茶サーバーに、青色の「冷水」、赤色の「お湯」、緑色の「お茶」の３つのボタンがある。当たり前のように利用していたが、これが青色の「お湯」、赤色の「お茶」、緑色の「冷水」ボタンであったら、スムーズに利用できるだろうか。身のまわりを見てみると、赤い「すすめ」と緑の「止まれ」や、赤い「男性用アイコン」と青い「女性用アイコン」などの組み合わせはまず見つからない。これらは、ものをデザインするときに、２つの相反する情報が入ってしまわないようにした結果である。では、もしそのようにデザインされていなかったら、何が起こるのだろうか。

1. 実験の手続き

〈実験に必要なもの〉（それぞれ人数分用意する）

・Ａカード：黒文字色名カード（資料4-1）
・Ｂカード：色パッチカード（資料4-2）
・Ｃカード：干渉文字色名カード（資料4-3）
・上記３種類の練習用カード３種類
・ストップウォッチ
・記録用紙（資料4-4）
・集計用紙（資料4-5）
・課題（全４条件）の実施順序を指示する紙と教示文（必須ではない）

〈全体の流れと実験手続き〉

【準備】
　Ａ、Ｂ、Ｃの３種類のカードを用いて実施する４つの課題（Ｃは２つの課題で使う）の順序は実験参加者ごとにランダムにする。その場で順序を指示するのも難しくはないが、簡単に指示するためにあらかじめ準備しておくこともできる（後述）。

【座席に着席】

　受講生は教員の指示により指定された座席に着席する（例：2人ずつのペアで着席し、声により反応する実験であることを考慮して各ペアの間隔は十分に空ける）。

⇩

【実験教材等の配付】

　1人に1個ストップウォッチと実験用カード（全種類）、記録用紙が配付される。

⇩

【教員からの教示 (以下、教示)】

役割・順番の割り振り

　「まず2人のうち1人が実験者、もう1人が実験参加者となって4種類の課題を行います。その後、役割を交替して同じように実験を行います。4種類の課題を行う順番は人によって異なりますので、それぞれ指定された順序で行ってください。」

⇩

【順番の確認】

　各ペアに4種類の課題の実施順を指示し、実験を開始する。実施順は、実験参加者ごとに異なるようにする。たとえばA→B→C1→C2、A→B→C2→C1、B→A→C1→C2、……など異なるすべての順序が書かれた紙をあらかじめ用意しておき、配付すると便利である。

　課題は4つの条件によって使用する刺激カードと教示が以下のように異なる（受講生が互いに実験者となるため、教示文はあらかじめ印刷しておくとよい）。

⇩

【教示】

条件A（黒文字刺激に対する文字読み課題）：黒色のひらがなで書かれた「あか」、「あお」、「きいろ」、「みどり」の4つの色名を、10行×10列にランダムに配置したAカードを用いる。

　「これから見せるカードに書かれた文字（色名）を、できるかぎり速く正確に、始めから終わりまで読んでください。用意─始めで開始します。」

- -

条件B（色パッチ刺激に対する色命名課題）：赤、青、黄、緑の4色のパッチを、10行×10列にランダムに配置したBカードを用いる。

　「これから見せるカードに並べられた円の色（パッチの色名）を、できるかぎり速く正確に、始めから終わりまで言ってください。用意─始めで開始します。」

- -

条件 C1（干渉色文字刺激に対する文字読み課題）：A カードと同じ文字が B カードと同じ配色で書かれた C カードを用いる。

「これから見せるカードに書かれた文字（インクの色は無視して文字）を、できるかぎり速く正確に、始めから終わりまで読んでください。用意―始めで開始します。」

条件 C2（干渉色文字刺激に対する色命名課題）：A カードと同じ文字が B カードと同じ配色で書かれた C カードを用いる。

「これから見せるカードに書かれた単語の色（単語内容は無視してインクの色）を、できるかぎり速く正確に、始めから終わりまで言ってください。用意―始めで開始します。」

⇩

【実験の実施】

　以上 4 つの課題条件について、指定された順序に従って、それぞれ以下の要領で「練習試行→本試行」のセットを順に行う。

・練習試行

　1 行分だけ記入された練習用カードを使用して練習試行を行う。実験参加者は目の前に練習用カードを置き、紙を重ねて置くなどして見えないようにしておく。実験者は教示を与えてから「用意―始め」の合図でカードを見えるようにし、ストップウォッチにより計時を始める。実験参加者は反応を開始し、反応のあいだ、実験者は誤った回答の数をカウントしておく。実験参加者が最後の刺激に反応し終わったところでストップウォッチを止め、それを所要反応時間とする。

　練習試行を通じて、実験参加者が課題を理解していることと、実験者が開始の合図や正誤の確認などを適切に行えることを確認し、本試行を滞りなく進行できるようにする。

・本試行

　実験参加者は直前に練習試行を終えた課題条件の本試行用カードを目の前に置き、紙を重ねて置くなどして見えないようにしておく。練習試行と同じ要領で課題を行い、各条件の終了後、実験者は所要反応時間と誤答数を記録用紙（資料4-4）に記入する。

⇩

【課題の解説】

ここで、教員から今日の実験の目的と「ストループ効果」について解説がある（詳説は次節を参照）。本実験におけるストループ効果とは、具体的には、色パッチの色を呼ぶのに必要な時間（条件Bの反応時間）よりも、インクとは異なった色名を書き綴った単語のインクの色を呼ぶのに必要な時間（条件C2の反応時間）の方が長くなってしまう効果であることを必ず説明する。

〈データの整理〉

・記録したA、B、C1、C2の所要反応時間、誤答数から（C1−A）、（C2−B）を算出し、記録用紙（資料4-4）に記入する。
・参加した全員分のデータを集め（資料4-5参照）、所要反応時間、誤答数についてそれぞれ平均値と標準偏差（*SD*）を求め表を作成する。（「3．レポートの内容」の Table 1、Table 2を参照）。

2．テーマの解説：ストループ効果とは？

　われわれは常に外界から何かしらの情報入力（心理学ではこれを刺激と呼ぶ）を受けており、それに対して反応しながら生活している。それぞれの刺激は色、形、大きさ、傾きなどさまざまな属性をもっているが、多くの場合、そのうちのある特定の属性のみに注意を向けて反応することが求められる。はたして人間の情報処理能力は、刺激のもつ特定の属性のみに選択的に注意を払い、独立した処理を行うことができるのであろうか。

　相反する情報を示す属性を同時にもった刺激を受け、一方の情報のみをもとにした反応が求められる状況は「認知的葛藤状態」と呼ばれ、その代表的な例がストループ効果である。ストループ効果とは、色名単語（赤や青など）がその色名とは異なる色（インクの色）で書かれていると、そのインクの色を声に出して言う（心理学においては「命名する」という）のにかかる時間が、単なる色パッチを命名する場合に比べて長くなる現象である。Stroop（1935）によってこの効果が報告されて以来、心理学のさまざまな領域で長年にわたって研究および応用がなされてきた、代表的な心理学的現象の1つである。

　ストループ効果が生じるメカニズムとしては、刺激が入力されるときの色と文字の競合、単語を読む処理と色を命名する処理の速度の差、色と色名単語の意味の競合、反応（出力時）の競合など複数の説がある。さらに、ストループ効果には「単語が示す色と文字の色が不一致のとき、文字の色名を呼称するのが困難になる」ほかに、18の派生効果がある（MacLeod,

1991）。これらすべてを1つのモデルで説明するのは難しく、現在でも研究は続いている。なお、もっとも有名な派生効果として「逆ストループ効果」があげられる。これは「単語が示す色と文字の色が不一致のとき、色名単語を読むのが困難になる」効果であるが、命名課題においてはほとんど観察されないことが知られている。インクの色を呼称する際には単語の意味が干渉するのに対し、単語を読む際にはインクの色はほとんど干渉しないという属性間の非対称性が示されているのである。

　現在では、ストループ効果自体のメカニズムの研究よりも、ストループ課題を研究のための道具として使っている研究の方が多く見受けられる（トピックも参照）。理由としては、効果が安定して得られる頑健さと、"課題に必要のない刺激情報が干渉する典型的な状況"を作り出せる点があげられる。歴史的にみると、個人差研究、パーソナリティ研究、発達研究の分野で古くから用いられている（MacLeod, 1991）。認知スタイルとの関係、性別、年齢との関係、統合失調症や神経症との関係が論じられたり、選択的注意やパーソナリティなどを測定するツールとして使用されたりすることが多い。

3．レポートの内容

問　題

・第2節を参照しながら、ストループ効果についての説明を行う。
・また、ストループ効果が生じるメカニズムに関する学説、またはストループ効果を道具として利用している研究を、1つ選んで簡単に紹介する。
・本実験の目的を記載する。授業中に行われる実験においてはあらたな学術的発見を得ることを目指しているわけではないため、「紙版ストループテストを用いてストループ効果を量的に測定し、その頑健さを確認することを目的とする。」などでかまわない。
・仮説と、それに基づく結果の予測を記載する。たとえば、「ストループ効果は生じ、逆ストループ効果は非常に小さいか、生じない。」という仮説が支持されるのは、具体的にどのようなデータが得られた場合であるか。

方　法

実験参加者

　実験に参加した人数を男女ごとに記載し、あわせて全実験参加者の年齢の平均値、標準偏差を記載する。

実験計画

　独立変数や従属変数を必要に応じて記載する。

Table 1

所要反応時間の平均値と標準偏差

条　件	A	B	C1	C2	C1-A	C2-B
平均値						
標準偏差						

Table 2

誤答数の平均値と標準偏差

条　件	A	B	C1	C2	C1-A	C2-B
平均値						
標準偏差						

実験器具・課題

どのような実験器具あるいは課題を用いたのか、過不足なく記載する。

手続き

どのような手続きで実験が行われたのか、詳細かつ過不足なく記載する。実験に参加していない人がこれを読んだときに、同じ実験ができるかどうかに留意しながら記載する。その際、箇条書きや体言止め、単語の羅列等ではなく、文章で記載する。実験者としての立場で以下の内容を中心に記載する。

・実験はどのような順序で進行したか。

・実験参加者にはどのような教示や刺激が与えられたか。

・実験参加者は何を行い、実験者は何をどのように測定したか。

結　果

・どのようにデータを整理し、まとめたのかを記述する。

・Table 1に、所要反応時間（単位：秒）の平均値と標準偏差を記入する。同じ形式でTable 2に誤答数（回）の平均値と標準偏差を記入する。

・所要反応時間と誤答数について、Table 1と Table 2から実験条件ごとにどのような違いがみられたかを文章で記述する。

・とくに、ストループ効果を検討するために条件Bと条件C2のあいだの違い、逆ストループ効果を検討するために条件Aと条件C1のあいだの違いに注目する。可能であれば、これらの違いが統計的に有意であるか、対応のある平均値差検定によって検討する。

考　察

・本実験の目的・仮説を再び記載する。

・本実験ではストループ効果が生じたといえるか、また、どのような結果からそういえる

のかを必ず説明する。同様に、逆ストループ効果についても説明する。
・ストループ効果と逆ストループ効果の量的な関係はどうであったかを説明する。
・結果的に、仮説は支持されたかどうかを記載する。
・その他、考えられること、改善点、課題（反省点）などを記載する。

引 用 文 献

MacLeod, C. M. (1991). Half a Century of Research on the Stroop Effect: An Integrative Review. *Psychological Bulletin, 109,* 163-203. https://doi.org/10.1037/0033-2909.109.2.163

Stroop, J. R. (1935). Studies of interference in serial verbal reactions. *Journal of Experimental Psychology, 18,* 643-662. https://doi.org/10.1037/h0054651

—— トピック ——

　現在では、本実験のように紙とストップウォッチを使用せずに、パソコンを用いることでストループ課題が実施されることが多い。パソコンを使うことによって、刺激を1つずつパソコンのディスプレイに呈示して、反応をミリ秒（1000分の1秒）単位で計測することが可能となる。この方法を用いた研究により、ストループ効果の詳細なメカニズムや、色名単語とインク色以外で生じる類似した認知的葛藤の効果が示されてきた。たとえば、上向きまたは下向きの矢印が、パソコン画面の中心より上または下に呈示される状況で、位置は無視して矢印の向きを回答させる課題がある（Wühr, 2007）。このような、相反する情報を同時に有した刺激を呈示して、課題内容に関係ない情報が干渉してくるような課題全般を「ストループ課題」あるいは「ストループ様課題（Stroop-like task）」と呼ぶことがある。さらに、線画の上に線画の内容とは異なる単語が書かれた刺激（例：ネコの線画の上にイヌという単語）に対して、単語を無視して絵を命名する類似課題も存在する（Glaser & Düngelhoff, 1984）。この課題では、1つの刺激内の2つの属性（「色と単語」や「位置と矢印の向き」）を競合させるのではなく、意味の相反する刺激を同時に2つ呈示することによって認知的葛藤を生み出しているため、厳密にはストループ課題とは異なるが、ストループ様課題の一つとして扱われることが多い。

引 用 文 献

Glaser, W. R., & Düngelhoff, F.-J. (1984). The time course of picture-word interference. *Journal of Experimental Psychology: Human Perception and Performance, 10,* 640-654. https://doi.org/10.1037/0096-1523.10.5.640

Wühr, P. (2007). A Stroop effect for spatial orientation. *The Journal of General Psychology, 134,* 285-294. https://doi.org/10.3200/GENP.134.3.285-294

資料4-1　Aカード：黒文字色名カード

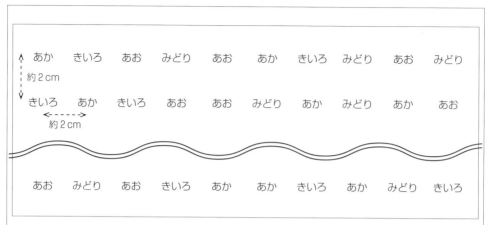

　厚紙などに「あか」、「あお」、「きいろ」、「みどり」の4つの色名を黒字で、10行×10列にランダム順に配置して書く。先にCカードを作成し、それに合わせてAカードを作成するとよい。1行分（10語）だけ作った練習用カードも用意しておくこと。

資料4-2　Bカード：色パッチカード

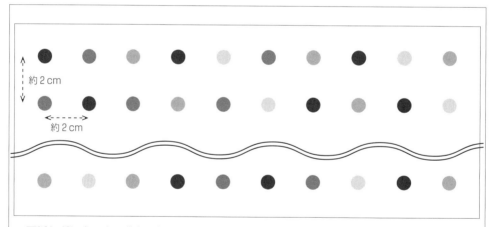

　厚紙などに赤、青、黄色、緑の4つの色パッチを、10行×10列にランダム順に配置する。ただし、Aカードに書かれた色名と同じ位置に同じ色が配置されないようにする。先にCカードを作成し、それに合わせてBカードを作成するとよい。色パッチは日本標準色紙が理想であるが、ペンで塗った円やラベルシールなど、色名に適した刺激であればよい。1行分（10個）だけ作った練習用カードも用意しておくこと。

資料4-3　Cカード：干渉文字色名カード

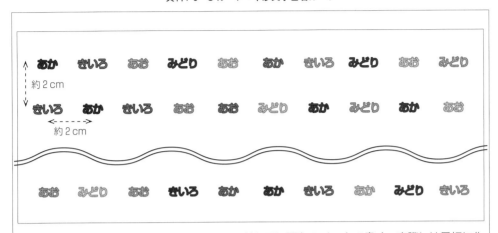

厚紙などに、Aカードと同じ文字をBカードと同じ配色のインクで書く。実際には最初に作成し、AカードとBカードの配置はこれに合わせればよい。「あか」、「あお」、「きいろ」、「みどり」の4つの色名を、色名とは異なる他の3色のいずれかで書く。1行分（10語）だけ作った練習用カードも用意しておくこと。

＊便宜上中抜き文字で表現したが、実際には資料4-1と4-3は同一のフォントで、インクの色のみ異なるようにする。

資料4-4　実験結果記録用紙（個人用）

条　件	A	B	C1	C2	C1−A	C2−B
所要反応時間（秒）						
誤答数（回）						

資料4-5　実験結果集計用紙（所要反応時間と誤答数の2つの表を作る）

条　件		A	B	C1	C2	C1−A	C2−B
実験参加者	S1						
	S2						
	┊						
	Si						
平均値							
標準偏差							

資料4-2（カラー版）

資料4-3（カラー版）

5　鏡 映 描 写

　パソコンのマウスをはじめて触ったときを覚えているだろうか。マウスを手前に動かすと、スクリーンのカーソルは下へ動き、マウスを奥に動かすとカーソルは上へ動く。「上下」の移動と「手前と奥」の移動という異なった動きに対して、私たちはとまどいながらも、何度も使っているうちにぎこちなさがなくなり、自然とできるようになっていく（つまり、学習していく）。このような学習の一連の流れ（学習過程）は通常、感覚的に行われることが多く、意識されることが少ないが、この学習過程を科学的に検証する際に、鏡映描写は有効な手段の1つとなる。

✚ 1．実験の手続き ✚

〈実験に必要なもの〉

・鏡映描写装置（1組につき1つ）（資料5-1）

・鏡映描写用紙（1人につき12枚）（資料5-2）

・ストップウォッチ（1組につき1つ）

・個人用集計表（1人につき1枚）（資料5-3）

・全体用集計表（1人につき1枚）（資料5-4）

・鉛筆（1人につき1本）

〈全体の流れ〉

【ペア作成、実験条件の割り振り、および実験道具一式の配付】

　2人1組のペアになり、その後、実験者と実験参加者の役割を決める。

　実験者は、鏡映描写装置を組み立て、鏡映描写用紙にあらかじめ記載されている実験条件（3条件のうちどれか1つ）を確認する。実験条件により本試行での手続きが異なるので注意する。

〈実験手続き〉

本実験は、前試行、本試行（第1～10学習試行）、最終試行の3つにより構成されている。

【前試行の準備】

実験者は、実験参加者を鏡映描写装置（資料5-1）が置かれている机の前に座らせる。その後、実験参加者の利き手に鉛筆を持たせ、出発点に鉛筆の先を置く。

⇩

【実験者の教示（以下、教示）】

役割・順番の割り振り

「それでは、実験を始めます。星形のコースを合図と共に、鉛筆でできるだけ速く、そしてコースからはみ出さないように一周してください。その際に、鉛筆の先は常に紙面から離さないようにしてください。コースから外れた場合にも紙面から鉛筆を離さずにコースに戻り、実験を続けてください。出発点は星形の頂点です。回る方向は、矢印で示された方向です。」

「それでは、目を閉じてください。」

「目を開いてください。用意―始め。」

⇩

【前試行の実施】

実験者は、ストップウォッチで実験参加者の試行の秒数を測定し、鏡映描写用紙（資料5-2）に試行秒数を記入する。

⇩

【本試行の準備（第1～10学習試行の準備）】

本試行では、実験条件により手続きが異なる。

実験者は、新しい鏡映描写用紙を鏡映描写装置にセットする。

⇩

【教示】

第1条件および第2条件：「それでは、目を閉じてください。」

- -

第3条件：「休憩してください。鏡映描写用紙を見たり、指でなぞるなどの行為を行わないようにしてください。」

第1条件：目を閉じたまま、実験参加者の利き手に鉛筆を持たせ、出発点に鉛筆の先を置く。

第2条件：目を閉じたまま、実験参加者の非利き手に鉛筆を持たせ、出発点に鉛筆の先を置く。

第3条件：(以降、最終試行前まで休憩)。

⇩

【教示】
　第1条件および第2条件：「目を開けてください。用意―始め。」

⇩

【本試行の実施】
　　第1条件および第2条件：実験者は、ストップウォッチで実験参加者の試行の秒数を測定し、鏡映描写用紙に試行秒数を記入する。これを第10学習試行までくり返す。

【最終試行の準備】
　　実験者は、新しい鏡映描写用紙を鏡映描写装置にセットする。
　　その後、実験参加者の利き手に鉛筆を持たせ、出発点に鉛筆の先を置く。

⇩

【教示】
「目を開けてください。用意―始め。」

⇩

【最終試行の実施】
　　実験者は、ストップウォッチで実験参加者の試行の秒数を測定し、鏡映描写用紙に試行秒数を記入する。

⇩

【逸脱回数の記入】
　　実験者は、終了した全試行（前試行、本試行、最終試行）の鏡映描写用紙を見ながら、逸脱回数を数え、鏡映描写用紙に記入する。

⇩

【個人用集計用紙への記入】

　実験者は、鏡映描写用紙に記入した全試行の試行秒数、逸脱回数を個人用集計用紙（資料5-3）へ記入する。

⇩

【実験終了の説明】

　実験が終わりであることを伝える。

⇩

【役割の交代】

　実験者と実験参加者の役割を交代し、再び実験を行う。

〈データの整理〉

　各自が作成した個人用集計用紙を、クラス全体で共有し、実験条件ごとに全体用集計用紙（資料5-4）に数値を記入する。その後、実験条件ごとに平均試行秒数と平均逸脱回数を算出し、図を作成する（「3．レポートの内容」のFigure 1を参照）。

✚ 2．テーマの解説：鏡映描写とは？ ✚

　冒頭の例のように、私たちはさまざまなことがらを学習していくが、学習には、英単語の暗記のような学習だけでなく、箸を使って食べ物を掴むというような目（知覚）と手（運動）の協応関係に基づく学習も数多く存在する。このような動作（知覚と運動の協応関係）の学習のことを知覚運動学習といい（外林他，1981）、コンピュータにおけるマウス操作は知覚運動学習の1つの例である。

　通常、一度身につけた学習はなかなか意識されることが難しいため、知覚運動学習の過程を検証するには、一度構築された協応関係を破壊することによって、あらたな知覚と運動の協応関係を構築していく過程を検証することが必要となる。そのための手続きの1つとして鏡映描写が使用されることが多い。鏡映描写とは、鏡に映った図形を見ながらその図形をなぞる作業のことである。図形をなぞることは、通常であれば私たちにとってとても容易な作業である。しかし、鏡に映る図形は普段とは逆になるため、これまでに構築されていた知覚と運動の協応関係がくずれることとなり、鏡映描写を何度も行わせるなかで知覚運動学習の過程が検証可能となる。

　また、この一連の手続きによって、学習の転移（前の学習が後の学習に影響を与えること（雨

宮他，2009））の一例である両側性転移という現象を検討することも可能である。両側性転移とは、一側の上肢あるいは下肢（たとえば、右手や右足）における運動や知覚の学習効果が非学習側（たとえば、左手や左足）にも影響を及ぼす現象のことである（宮本他，2002）。右利きの人が怪我をして左手しか使えなくなったときに、ぎこちないなかでも左手で字を書いたり、箸を持ったりすることができるのは両側性転移の1つの例だといえる。

　両側性転移の研究は歴史が古く20世紀初期の頃に数多くの研究が行われてきた（三谷，1971）。それらの研究の多くでは以下の3つの仮説を用いて両側性転移について検証している。

　　仮説1：学習されるのは一般原理であり、一方の手から他方の手への転移が完全に生じ
　　　　　る（つまり、完全に両側性転移が認められる）。

　　仮説2：一般原理と共に練習した手に固有の技能をも学習しなければならない（つまり、
　　　　　部分的に両側性転移が認められる）。

　　仮説3：学習は練習した手に固有の技能のみであるから、両側性転移は生じない（つまり、
　　　　　両側性転移は認められない）。

　以上をふまえて、本実験では2つのことを検証することができる。1つは、「知覚運動学習が成立しているかどうか」であり、もう1つは、「両側性転移は最終試行に生じるのか」である。本実験では、3つの条件を設定しており、第1条件が第3条件よりも最終試行における試行秒数が速く、逸脱回数が少なければ、練習の効果が見られるということであるため、知覚運動学習が成立していると考えられる。次に、第1条件と第2条件において最終試行における試行秒数や逸脱回数に違いが見られないのであれば、利き手、非利き手にかかわらず学習されたことになり、完全に両側性転移が認められたといえる（仮説1を支持）。また、第2条件と第3条件において最終試行における試行秒数や逸脱回数に違いが見られないのであれば、利き手のみ学習されたことを示しており、両側性転移は認められないこととなる（仮説3を支持）。そして、第2条件の試行秒数や逸脱回数が第1条件と第3条件との中間であるならば、部分的に両側性転移が認められたと判断できるだろう（仮説2を支持）。

✚ 3. レポートの内容 ✚

問　題

・導入として知覚運動学習に関する日常生活の例を記述する。

・知覚運動学習についての説明を行う。

・鏡映描写についての説明を行う。

・両側性転移についての説明を行う。

・その上で、今回の実験で何を明らかにしようとしたのか、その目的と仮説について記述

する。

方　法

実験参加者

資料5-4をもとに算出する。

　実験に参加した男女それぞれの人数と、全体の年齢の平均値、標準偏差を記載する。

実験計画

　実験デザイン（要因、水準、参加者内・間）は何か、また、独立変数と従属変数は何か、必要に応じて記載する。

実験日時と場所

　実験日時と場所を記載する。場所の広さや収容人数なども可能な限り記載する。

実験器具

　実験において用いたものを記述する。

手続き

　どのような手続きで実験が行われたか、詳細に記載する。後でこれを読んだ人が、同じ実験を行えるように以下の内容を中心に詳しく記載する。その際、箇条書きにせず文章で記載する。手続きをフローチャートとして図に示すことでよりわかりやすくなる。
・グループ分けはどうであったか。
・どのような教示を行い、何を行ったのか。
・実験はどのような流れで進められたのか。

結　果

・まず、何を Figure 1に示したかを記述し、Figure 1を参照しながら、実験条件ごとにどのような違いが見られたのかを記載する。
・統計的仮説検定を行った場合は、その結果を記述する。
・実験条件の違いをもとに、どの仮説が支持されたのかについて記述する。

Figure 1
実験条件ごとの平均試行秒数（例）

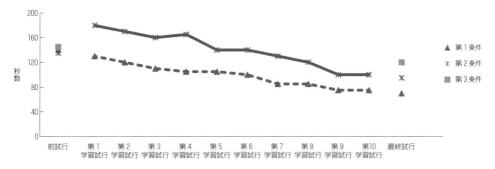

考　察

・本実験の目的を再掲する。

・結果をもとに、どの仮説が支持されたのかについて記述する。その際に、他の仮説がなぜ支持されなかったのかについて、第2節を参考にしながら、考えられることを記述する。

・その他、実験の改善案、気づいたことなどを先行研究も踏まえながら根拠とともに記述する。

引　用　文　献

雨宮　薫・石津　智大・綾部　友亮・小嶋　祥三（2009）．運動イメージによる両側性転移について　哲学, *121*, 207-231.

三谷　恵一（1971）．両側性転移における中枢説と末梢説の検討　心理学研究, *42*, 137-141.　https://doi.org/10.4992/jjpsy.42.137

宮本　謙三・竹林　秀晃・宅間　豊・井上　佳和・宮本　祥子・岡部　孝生・坂上　昇・森岡　周・舟橋　明男（2002）．運動の両側性転移に関する実験的研究──筋力トレーニングの対側転移──土佐リハビリテーションジャーナル, *1*, 27-32.

外林　大作・辻　正三・島津　一夫・能見　義博（編著）（1981）．誠信心理学辞典　誠信書房

資料5-1　鏡映描写装置

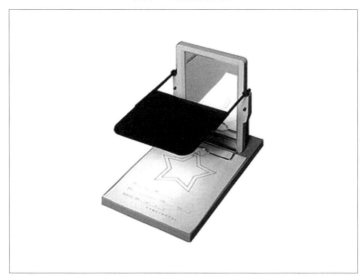

出典　竹井機器工業株式會社　http://www.takei-si.co.jp/productinfo/detail/115.html

資料5-2　鏡映描写用紙

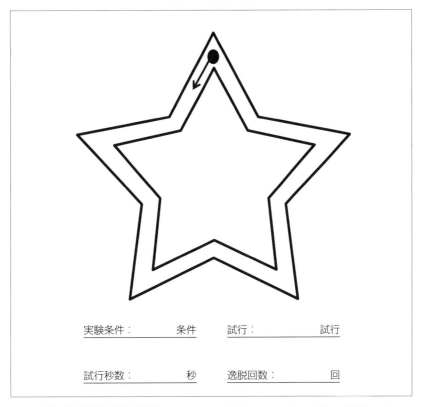

実験条件：　　　　　条件　　　試行：　　　　　　試行

試行秒数：　　　　　秒　　　　逸脱回数：　　　　回

出典　竹井機器工業株式會社　http://www.takei-si.co.jp/productinfo/detail/115.html

資料5-3　個人用集計表

実験参加者氏名	年齢	性別	実験条件	前試行	第1学習試行	第2学習試行	第3学習試行	第4学習試行	第5学習試行	第6学習試行	第7学習試行	第8学習試行	第9学習試行	第10学習試行	最終試行
			試行秒数												
			逸脱回数												

資料5-4　全体用集計表

実験参加者氏名	年齢	性別	実験条件	前試行	第1学習試行	第2学習試行	第3学習試行	第4学習試行	第5学習試行	第6学習試行	第7学習試行	第8学習試行	第9学習試行	第10学習試行	最終試行
			試行秒数												

実験参加者氏名	年齢	性別	実験条件	前試行	第1学習試行	第2学習試行	第3学習試行	第4学習試行	第5学習試行	第6学習試行	第7学習試行	第8学習試行	第9学習試行	第10学習試行	最終試行
			逸脱回数												

 **6**

対連合学習

　歴史上の出来事がいつ起きたのかを覚える。新しく習った英単語を覚える。中学生や高校生の頃、多くの人が経験している学習内容であろう。単語の学習であれば、カードの表側に外国語、裏側に対応する日本語を記し、複数のカードを束ねたものを使って、学校への行き帰りや休み時間などに必死で裏表の内容を対にして覚えたことだろう。このような対となる何かを覚えることを、心理学では対連合学習という。

1. 実験の手続き

〈実験に必要なもの〉

- 刺激語（20語）と反応語（20語）のリストを作成する用紙（資料6-1）
- 教示カード（資料6-2）
- 記録用紙（資料6-3）
- 集計用紙（資料6-4）
- 刺激呈示のためにプレゼンテーションソフト（例. Microsoft PowerPoint など）がインストールされているパソコン複数台。できれば受講生人数の半数の台数が望ましい。なお、パソコン利用が無理な場合は紙のカードでも実施可能である（トピック参照）。
- 刺激語と反応語を入力するための PowerPoint ファイル2種類
  学習ファイル：ファイル内に Figure 1 のような配置を設定済みのスライドを21枚用意する。1枚目は例示のために用い、2枚目以降が学習セッションで用いるスライドになる。

  刺激呈示ファイル：このファイルも Figure 2 のようなスライド計21枚で構成され、1枚目は例示用、2枚目以降が刺激呈示用である。なお、2枚目以降は、刺激呈示時に8秒の呈示時間後に次のスライドに移るよう、あらかじめ設定し

Figure 1
学習ファイルの入力画面例

刺激語 を入力する側	反応語 を入力する側

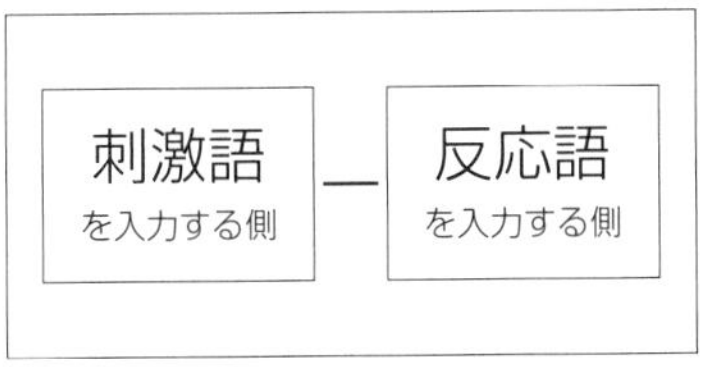

Figure 2
刺激呈示ファイルの入力画面例

刺激語 を入力

ておく（トピック参照）。

〈全体の流れ〉

【刺激作成】
ブロックに分けて着席し、ブロック単位で刺激作成。

【実験手続き】
2人ペアになって着席し、実験実施。

〈刺激作成〉

【座席に着席】
　受講生（すなわち実験参加者）が教室に入室したら、受講生は教員の指示により指定された座席に着席する。
（例. 実験者役と実験参加者役を2人1組で行わせる場合は、最初にペアを作る。このとき、各ペアに番号をふっておく。その後、それぞれが互いの刺激がわからない状態にするため、教室を大きくA・Bの2ブロックに分け、各ブロックにペアが分かれるように着席させる）。

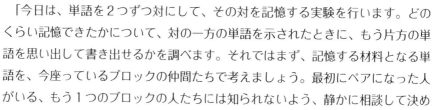
【教員からの教示（以下、教示）】
　「今日は、単語を2つずつ対にして、その対を記憶する実験を行います。どのくらい記憶できたかについて、対の一方の単語を示されたときに、もう片方の単語を思い出して書き出せるかを調べます。それではまず、記憶する材料となる単語を、今座っているブロックの仲間たちで考えましょう。最初にペアになった人がいる、もう1つのブロックの人たちには知られないよう、静かに相談して決めてください。」

【刺激リストの作成】
　刺激語（20語）と反応語（20語）のリストを作成する用紙（資料6-1）をブロックに1枚、配付する（受講生一人ひとりがアイディアを考えるために、別途、白紙を配付してもよい）。

【教示】

　「刺激語と反応語を決めるとき、注意しなければならないことが４点あります。第１点、すべて名詞にします。第２点、同じ名詞を２回以上使うことはしませんから、全部で40個の名詞を考えなければなりません。第３点、考えた40個の名詞を２つずつ対にし、一方を刺激語、もう一方を反応語にしてリストに記入しますが、このとき、刺激語と反応語が無関連になるようにしてください。たとえば、『くだもの』という単語と『りんご』という単語は、対にはできません。『りんご』は『くだもの』の一種ですから、関連があることになります。『パトカー』と『消防車』のように『車』という共通項で関連するような単語も対にはできません。互いに無関係な、結びつきのない単語同士を対にしてください。最後に、実験では単語をすべて『ひらがな』で呈示するので、あまり長い単語にしないでください。ひらがな２文字から４文字の単語を選んでください。」

【単語対の確認】

　作業実施後、各ブロックで作成した単語対に関連がないことを、適宜、確認する必要がある。また、完成した単語対のリストを各ブロックの人数分コピーし、従属変数を測定する段階（後述、実験手続きの【再生セッションの実施（従属変数の測定）】を参照）で各実験者に配付する必要がある。

【教示】

刺激ファイルの作成

　（教員のパソコン画面で開いた学習ファイルおよび刺激呈示ファイルを教室全体で見せることが可能なようにプレゼンテーションの設定を行うと、受講生に対して一斉に説明ができる。プレゼンテーション設定が難しい場合には、Figure 1、Figure 2を記載したプリント等を作成し、配付の上、次の教示を始める。）

　「では、これから、ブロックごとに、自分がペアとなった相手を実験参加者にして刺激を呈示するための刺激ファイルを作成します。ファイルは２種類あります。学習ファイルと刺激呈示ファイルです。学習ファイルの方は、Figure 1のように、画面の左右に刺激語と反応語をそれぞれ入力して20枚のスライドを完成させます。刺激呈示ファイルの方は、Figure 2のように刺激語のみを入力して20枚のスライドを完成させます。」

【刺激ファイルの設定】

　ブロックで1つずつ作成したファイルを、実験に用いるパソコンにコピーさせる。

　（ただし、ブロックの人数がある程度多い場合には、ブロック内で手分けして複数のファイルを作成させ、それを必要台数分、コピーさせてもよい。）

　コピーの前に、入力内容に誤りがないかを、ブロック内でチェックさせる。

〈実験手続き〉

【実験条件の割り当て・学習セッションの実施】

　一度、A・Bのブロックを解散し、最初に作らせた2人1組のペア同士で着席させる。

　着席後、ペア数に応じてペア単位で受講生を2つの群に分ける。第1群が実験群（イメージ媒介群）、第2群が統制群（単純記憶群）となる。

教員から、それぞれの群に以下の教示を行うが、このとき、他の群への教示は聞かせないよう、教室を分けたり、聞かせない方の群の受講生を一時的に離席させたりする必要がある。

【教示】

　受講生に対し、条件別に教示の一部を記した教示カード（資料6-2）を1枚ずつ渡す。実験条件ごとに以下のように教示する。

実験群（＝イメージ媒介群）：

　「みなさんにはこれから、実験者、実験参加者に分かれ、2人1組で実験を行っていただきます。実験者になった人は、学習ファイルを使い、実験参加者に20の単語対を学習させる際、教示カードを見せながら、次のように教示をします。〈2つの単語を覚える際、その2つが登場する場面をイメージしてください。たとえば、『ねこ』と『うちわ』が対になっている場合には、『ねこのイラストが描かれたうちわ』のように、2つの単語がセットになるような情景をイメージするようにしてください。イメージはどんなものでもいいですが、必ず2つの内容が一緒に登場するイメージにして、覚えてください。〉」

　「最初に実験者が教示をしたら、あとは実験参加者のペースで実験を進めます。実験者は学習ファイルを開き、スライドショーを開始させます。実験参加者は、最初の単語対についてイメージができたら、Enterキーを押し、次の単語対のスライドに移ります。そしてイメージで覚えることを20対分、くり返します。最初の実験参加者の学習が終わったら、学習ファイルを閉じます。次に役割を

交替し、同じ手続きをとって学習させてください。」

- -

統制群（＝単純記憶群）：

　　「みなさんにはこれから、実験者、実験参加者に分かれ、2人1組で実験を行っていただきます。実験者になった人は、学習ファイルを使い、実験参加者に20の単語対を学習させる際、教示カードを見せながら、次のように教示をします。〈2つの単語を覚える際、頭の中で交互に5回、単語を唱えてください。ただし単語を口に出してはいけません。〉」

　　「最初に実験者が教示をしたら、あとは実験参加者のペースで実験を進めます。実験者は学習ファイルを開き、スライドショーを開始させます。実験参加者は、最初の単語対について頭のなかで5回、単語をくり返したら、Enterキーを押し、次の単語対のスライドに移ります。そしてこれを20対分、くり返します。最初の実験参加者の学習が終わったら、学習ファイルを閉じます。次に役割を交替し、もう1人の実験参加者について、同じ手続きをとって学習させてください。」

⇩

【座席に着席】

　以上の教示を終えたら、全員を適宜、教室内で（互いの実験実施の邪魔にならない程度の間隔を空けて）着席させる。このとき、可能であれば実験群と統制群を互いの教示が聞こえない距離に着席させる。そして、学習セッションを2人1組で行わせる。

⇩

【再生セッションの実施（従属変数の測定）】

　記録用紙（資料6-3）を1枚ずつ、配付する。また、刺激リストの作成において各ブロックで作成したリストのコピーも、受講生の参加していたブロック（A、B）を間違えないように留意しながら、配付する。

⇩

【教示】

　「では、次に、先ほどみなさんが覚えた単語対について、刺激語を示されたら何がその対となっている反応語であったかを思い出してもらいます。ただし、その前に全員が実験者の立場となり、ペアとなっている実験参加者に単語を思い出してもらい、その単語を書かせる記録用紙の準備をします。ペアの相手に絶対に見せないように注意し、それぞれの手元に渡した刺激リストのコピーを見ながら、20対の単語のうちの刺激語のみを記録用紙に記入してください。なお、2つの

ブロックのうち、A ブロックだった人は記入用紙に『リスト1』と、B ブロックだった人は『リスト2』とリスト番号も記入してください（資料6-3参照）。記入が終わったら、実験を開始するまで相手に見えないように伏せておいてください。」

（リストを正しく書いているかを、リスト作成時に同じブロックだった実験者同士で確認させるとよい。）

　「記録用紙の準備はできましたか。それでは、刺激呈示ファイルを使って、実験参加者に単語を思い出させ、記録用紙に書かせる実験を行いましょう。実験者は刺激呈示ファイルを開き、スライドショーを開始します。刺激呈示ファイルのスライドは1枚につき8秒で次のスライドに移るようセッティングしてありますから、実験者は実験参加者の様子をよく確認し、準備が整ってから Enter キーを押してスライドショーを開始させるようにしてください。実験参加者は画面に示された刺激語を見て、その対として覚えているはずの反応語を記録用紙に記入してください。なお、反応語をどうしても思い出せない場合は、記録用紙に単語を書かないでよいです。」

〈データの整理〉

・集計用紙（資料6-4）を全員に回し、リスト番号・ペア番号を間違えないように、20語の反応語のうち正答していた語の数を記入させる。
・記入済みの集計用紙を人数分コピーし、全員に配付する。
（これらの作業は、表計算ソフトを用いて集計してもよい。）
・実験条件間、リスト間で平均正答数が比較できる表を作成する（「3. レポートの内容」の Table 1を参照）。なお、「2. テーマの解説」の Figure 3を参考に、Table 1の内容を図示することも可能である。

2. テーマの解説：対連合学習とは？

　外国語を学ぶ際に、もっとも基本的だが、もっとも地道な努力を重ねないとならないのが語彙（単語）の学習である（森・田頭, 1981）。教育心理学の分野では、言語学習のしくみを研究するにあたり「対連合学習（paired-associate learning）」を主要な実験パラダイムとしてよく用いている（例. 桑原, 2000；森・田頭, 1981など）。なお、単語学習のみではなく、あらゆることがらで対連合学習はしばしば行われる。人間の記憶においては、ある事象がそれ自体で記憶されるだけでなく、ある事象が別の事象と結びついて記憶されることがしば

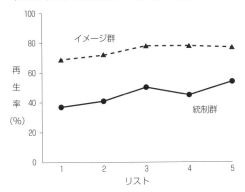

Figure 3
各群における単語の再生率
（Bower（1972）の実験結果の一部をもとに作成）

しばある。この事象間の結びつきのことを連合（association）という。

記憶における意味関連づけやイメージの影響

　人間の記憶は、「記銘（符号化）」、「保持（貯蔵）」、「想起（検索）」のプロセスを経ている。そして、記銘（符号化）の段階で記憶を促進させる要因として、古くから、意味的な関連づけ（北尾，1965）や視覚的イメージ（Bower, 1972）の存在が注目されている。北尾（1965）は、もともとは無関連な２つの単語について連合させて記憶する際に、機械的に対を記憶する統制群よりも、その２つの単語間になんらかの意味を創出し、その意味を含めて記憶させる意味関連づけ群の方が単語を正しく答えられる率が高くなることを、小学生を対象とした実験研究で示している。Bower（1972）は、単語対から連想されるなんらかの視覚的イメージを実験参加者に自由に思い浮かべさせながら記憶をさせた場合（イメージ群）に、単純に単語対を機械的に記憶させた場合（統制群）と比較して、単語の再生率が高くなることを示している（Figure 3）。Bower（1972）の研究では単語対のリストを５種類用意して実験をしているが、すべてのリストでイメージ群の方が統制群よりも再生率が高くなっている。さらに、学習した直後の再生だけではなく、一定時間をおいた後の再生においても、イメージ群の再生率が統制群より高いことを示している。

　なぜ、単語対の連合学習において、意味関連づけ群やイメージ群の再生率は、機械的に単語対を記憶させる統制群よりも高くなるのか。北尾（1962）は２つの単語を対にして学習する際に、学習者が能動的に、みずからの興味や関心を抱いている記憶事象と結びつけて記憶させると、とくに正答数が多くなることから、学習者がそれまでに保持している思考様式と学習内容の積極的結びつきが重要な媒介要因となる可能性を示唆している。また、Bower（1972）によれば、視覚的イメージは、学習している単語対の符号化にかかわるのではなく、記憶することを求められている単語対と、学習者がそれまでの経験からすでに記憶しているさまざまな事象とのあいだの関連づけを促す役割を果たすのである。

3. レポートの内容

問　題

・対連合学習についての説明を行う。

・また、過去の対連合学習に関する研究も紹介する。

・その上で、今回の実験では何を明らかにしようとするのか、すなわち、本実験の目的・仮説を記載する。

方　法

実験参加者

　男女ごと、および合計人数を記載する。また全実験参加者の年齢の平均値、標準偏差を記載する。

実験計画

　操作した内容を独立変数として記載する。また、測定した内容を従属変数として記載する。

実験日時と場所

　実験を実施した日時や場所を、必要に応じて記載する。また、実験実施の状況（部屋の静かさや明るさの程度など）も必要に応じて記載する。

実験器具

　どのような実験器具を用いたのか、過不足なく記載する。

手続き

　どのような手続きで実験が行われたのか、詳細かつ過不足なく記載する。実験に参加していない人がこれを読んだときに、同じ実験ができるかどうかに留意しながら記載する。今回の実験では、たとえば以下のような記述が必要となる。

・刺激語と反応語のリストを作成する際、どのような点に注意をしたか。

・実験参加者は教員より、課題の実施に際してどのような教示を受けたか。自身が割り当

Table 1

正答数の平均値と標準偏差 (*SD*)

	リスト1 平均値(*SD*)	リスト2 平均値(*SD*)	計 平均値(*SD*)
実験群 (*n* =○) (イメージ媒介群)			
統制群 (*n* =○) (単純記憶群)			
計			

てられなかった実験条件についても、教員がどのような教示をしたかを確認し、レポートに記載する必要がある。

・学習セッションをどのように実施したか（実験者の教示、教員からの教示をもとに、制限時間の有無、学習の進め方を記す）。

・再生セッションをどのように実施したか（刺激語の呈示方法、タイミング、再生した単語の記録方法等を記す）。

・従属変数（正答数）の算出方法。

結　果

・Table 1に何を示したのかを記載する。Table 1を作成するときは、実験条件（独立変数）や正答数（従属変数）の平均値や標準偏差（*SD*）、データの数など必要な情報を過不足なく記入するようにする。

・作成した Table 1を参照しながら、実験条件ごとにどのような違いがみられたかを記載する。

考　察

・考察の冒頭に、本実験の目的を再び記載する。

・そして、結果から読み取れることを記載する。

　① 実験条件間で、正答数は異なっていたか？

　② 2つのリスト間で、正答数は異なっていたか？

　（上記の2点をまとめて分析する方法もある。トピック参照。）

・さらに、どうしてそのような結果になったのかについて、問題で引用した文献などをもとに根拠をあげながら、自分の考えとして述べる。

・結果的に、仮説は支持されたかどうかを記載する。

・その他、考えられること、改善点、課題（反省点）などを記載する。

引 用 文 献

Bower, G. H.（1972）. Mental imagery and associative learning. In L. W. Gregg（Ed.）, *Cognition in learning and memory*（pp. 51-88）. Wiley.

北尾 倫彦（1965）. 児童の言語記憶におよぼす文章化経験の効果について　教育心理学研究, *13*, 154-160. https://doi.org/10.5926/jjep1953.13.3_154

桑原 陽子（2000）. 非漢字圏日本語学習者の漢字学習におけるイメージ媒介方略の有効性——漢字と英語単語の対連合学習課題による検討——　教育心理学研究, *48*, 389-399. https://doi.org/10.5926/jjep1953.48.4_389

森 敏昭・田頭 穂積（1981）. キーワード法によるスペイン語単語の習得　教育心理学研究, *29*, 252-255. https://doi.org/10.5926/jjep1953.29.3_252

・実験実施にあたり、パソコンの用意が難しい場合には、紙のカードで学習用カード、刺激呈示カードを各20枚作成し、実験者が実験参加者に示しながら実施する方法もある。

・刺激呈示ファイルの事前準備にあたり、呈示時間は適切と思う長さに変化させてもよい。

・刺激リストの作成にあたり、1ブロックに割り当てられる人数が多くなる場合には、ブロックを4つ、あるいは6つという形に分けることも可能である。その場合はブロック数に応じてリスト数も変化する。

・受講生は一方の実験条件のみに参加しているため、実験手続きがすべて終了した時点で、2つの実験条件での教員の教示をすべての実験参加者に解説し、独立変数に2水準（イメージ媒介群と単純記憶群）あることを解説する必要がある。

・2つの実験条件間で従属変数の平均値に統計的な有意差があるかを検定する場合は、その結果も記載する。

・結果を分析する際、実験条件（実験参加者間要因）とリスト（実験参加者間要因）の両方を独立変数とする、2要因実験参加者間計画の分散分析を実施することもできる。主な結果は実験条件の主効果、すなわち2つの実験条件のあいだで正答数の平均値が異なることを示すことにある。リストの主効果や、実験条件とリストの交互作用効果が有意であった場合には、リストの作成方法に問題があった可能性（無関連の対のつもりが無関連でなかった、など）を考察させる必要が生じる。

・外国語の単語の学習のように、より実生活に即した形で対連合学習の実験を計画する際は、引用文献のうち、森・田頭（1981）あるいは桑原（2000）で用いられている「キーワード法」でイメージ媒介の条件を操作して2つの異なる言語の単語対を学習させる実験が参考になる。

引 用 文 献

桑原 陽子（2000）．非漢字圏日本語学習者の漢字学習におけるイメージ媒介方略の有効性——漢字と英語単語の対連合学習課題による検討—— 教育心理学研究, *48*, 389-399. https://doi.org/10.5926/jjep1953.48.4_389

森 敏昭・田頭 穂積（1981）．キーワード法によるスペイン語単語の習得 教育心理学研究, *29*, 252-255. https://doi.org/10.5926/jjep1953.29.3_252

資料6-1　刺激語（20語）と反応語（20語）のリストを作成する用紙（例）

刺激語	反応語

20 対の単語対を要するため
20 行分、記入欄がある

資料6-2　教示カード（左：実験群用、右：統制群用）

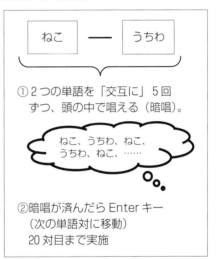

リスト（　　）

記録用紙

刺激語リスト	記入欄（反応語）
正答数（計）	

リスト作成は実験者が行う。
①刺激語のリストの記入
②リスト番号の記入
　実験者がAブロックなら「１」、
　Bブロックなら「２」を記入。

資料6-4　集計用紙（例）

集計用紙

リスト1（実験者がAブロックの結果）

実験条件		ペ ア 番 号					
第1群（実験群＝イメージ媒介群）							
	正答数						

		ペ ア 番 号					
第2群（統制群＝単純記憶群）							
	正答数						

リスト2（実験者がBブロックの結果）

実験条件		ペ ア 番 号					
第1群（実験群＝イメージ媒介群）							
	正答数						

		ペ ア 番 号					
第2群（統制群＝単純記憶群）							
	正答数						

灰色の欄にペア番号を記入し、その下の欄に各実験参加者の正答数を記入する。
ペアの数に応じて集計用紙の記入欄を増減させる

7 系列位置効果

　英語の試験の直前に単語帳をめくりながら一生懸命単語を覚えた。試験のときに単語を思い出そうとすると、最初の方に出てきた単語と最後の方に出てきた単語はよく覚えていたのだけれど、真ん中くらいにあったであろう単語はよく思い出せなかった。

✦ 1. 実験の手続き ✦

〈実験に必要なもの〉

・パーソナルコンピュータ（コンピュータ教室を使用するか、通常教室であればノート型パソコンを使用する。）
・2秒で学習材料を1つずつ呈示するプログラム（たとえば Microsoft PowerPoint などで作成したプログラム。学習材料は、資料7-1〈Web〉🌐 の単語リストを用いる。）
・回答用紙（資料7-2）・個人集計用紙（資料7-3）
・クラス集計用紙（資料7-4）

> 資料7-1は小川・稲村（1974）で用いられた単語のなかから、学習容易性が3.50以上4.00未満の単語から60語を抜粋し、ランダムに並べたもの。

【プログラム内容】

直後再生条件課題：学習容易性（学習のしやすさの程度）が統制された漢字2文字の名詞15語が2秒ずつ順に呈示される。なお、漢字には誤読を防ぐためにふりがながふってある。

遅延再生条件課題：学習容易性が統制された漢字2文字の名詞15語が2秒ずつ順に呈示された後、4桁の数字15個が2秒ずつ順に呈示される。同じく、漢字には誤読を防ぐためにふりがながふってある。

　それぞれのプログラムには、課題が呈示される前に教示文①、課題の呈示後に教示文②が呈示される。

直後再生条件課題の教示文：「①これから2字の漢字熟語が全部で15個呈示されますから、それを、音読してよく覚えてください。」「②どんな漢字の熟語があったかを思い出して、回答用紙の単語欄に書いてください。呈示された順番通りである必要はありません。思い出した順に回答用紙に記述してください。」

遅延再生条件課題の教示文：「①これから2字の漢字熟語が全部で15個呈示されますから、それを音読して、よく覚えてください。その後、4桁の数字が1つ

ずつ全部で15個呈示されます。呈示された数字から3を引いた数を計算してください。」「②どんな漢字の熟語があったかを思い出して、回答用紙の単語欄に書いてください。呈示された順番通りである必要はありません。思い出した順に回答用紙に記述してください。」

〈全体の流れと実験手続き〉

受講生（すなわち実験参加者）が教室に入室したら、教員の指示によりコンピュータの前に着席する。

【回答用紙の配付】
1人に4枚の回答用紙（資料7-2）が配付される。

── 【教員からの教示（以下、教示）】 ──
「今日は、コンピュータを使った課題を行ってもらいます。まずは、コンピュータの電源を入れてください。」
（全員のコンピュータの準備ができたことを確認する。）

── 【教示】 ──
「系列位置効果というフォルダを開けて、直後再生1、直後再生2、遅延再生1、遅延再生2という4つのファイルがあることを確認してください。それぞれのファイルをダブルクリックして起動させ実験を行います。1つのファイルの実験が終了したら、次のファイルを起動させます。はじめに、直後再生1、次に直後再生2、その次に遅延再生1、最後に遅延再生2の順番で実験を行ってください。なお、実験はプログラムの指示に従って進めてください。」

この一覧表は、実験プログラムの提示順に従って教員が作成し配付する。

〈データの整理〉

・各実験課題の語が呈示順に並んだ一覧表を見ながら、実験参加者が回答した語が何番目に呈示された語かを確認し、実験参加者が回答した回答用紙の系列位置欄に系列位置を記入する。そして個人集計用紙（資料7-3）に正誤を記載する。なお、正しく回答した場合には1を記入し、それ以外には0を記入する。そして、第一試行と第二試行の平均再生数を算出する。平均再生数は0か0.5か1となる。
・クラス全員分の各条件の平均再生数のデータを共有し、クラス集計用紙（資料7-4）

を用いて集計する。各系列位置の語の再生数と再生率を算出し Table 1 を作成する。そして、Table 1 をもとに、縦軸に再生率、横軸に系列位置として図を作成する（「2. テーマの解説」の Figure 1 を参照）。

Table 1
各系列位置における再生数の平均と標準偏差, 再生率

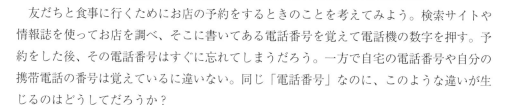

			系列位置														
			1	2	3	4	5	6	7	8	9	10	11	12	13	14	15
直後条件	再生数	平均															
		SD															
	再生率																
遅延条件	再生数	平均															
		SD															
	再生率																

✚ 2. テーマの解説：系列位置効果とは？ ✚

友だちと食事に行くためにお店の予約をするときのことを考えてみよう。検索サイトや情報誌を使ってお店を調べ、そこに書いてある電話番号を覚えて電話機の数字を押す。予約をした後、その電話番号はすぐに忘れてしまうだろう。一方で自宅の電話番号や自分の携帯電話の番号は覚えているに違いない。同じ「電話番号」なのに、このような違いが生じるのはどうしてだろうか？

このような違いを説明する記憶に関するモデルとして二重貯蔵モデル（Atkinson & Shiffrin, 1968）がある。このモデルでは、短期記憶と長期記憶を仮定している。外界からの情報は、感覚器官でごく短時間保持され、選択的注意（状況や課題に応じて選択的に向ける注意）を向けられたものだけが短期記憶に入る。短期記憶に保持される情報は 7 ± 2 チャンク（チャンクとはなんらかのまとまりを持つ、情報のかたまりのこと）とかぎられており、その保持時間（記憶が維持される時間）は短いと考えられている。短期記憶に入った情報はリハーサル（声に出してくり返したり、内的にくり返したりして情報を反復する）などの処理を行うことで、次の貯蔵機能である長期記憶に転送される。長期記憶は大容量であり、ほぼ永続的に保持されると考えられている。

この二重貯蔵モデルの根拠の 1 つが自由再生法による系列位置効果である。自由再生法とは、簡単な単語のリストを一定速度で呈示した後、呈示された単語を思い出した順にできるだけたくさん自由に再生させる方法である。単語を呈示直後に再生すると、単語の呈

示された順によって再生率が異なり、はじめに呈示された単語と終わりに呈示された単語の再生率が高く、中間部に呈示された単語の再生率が低くなる（Figure 1参照）。はじめに呈示された単語の再生率が高くなることを初頭効果、終わりに呈示された単語の再生率が高くなることを新近性効果という。この実験結果は二重貯蔵モデルを用いて次のように説明できる。はじめの方に呈示された単語はリハーサルされる回数が多くなり長期記憶に転送されやすく、再生率が高くなる。また、終わりの方に呈示された単語はまだ短期記憶に残っているので再生率が高くなる。つまり、初頭効果は長期記憶に保持されている情報量を反映し、新近性効果は短期記憶に保持されている情報量を反映しているのである。

　しかし、単語の呈示と再生のあいだに30秒ほどの簡単な計算課題などを入れると、はじめと中間部の再生率は影響を受けないが、終わりの方に呈示された単語の再生率は低下することが知られている（Postman & Phillips, 1965; Figure 1参照）。つまり、初頭効果は変わらないが、新近性効果が消失する。新近性効果は短期記憶に保持されている情報であり、これらの記憶はまだ長期記憶には転送されていない。そのため、呈示直後であれば再生できるが、30秒ほどの計算課題を行った後では再生できない。一方で、はじめと中間部に呈示された単語の再生率は長期記憶に保持されている情報であり、計算課題の影響を受けない。そのため、初頭効果は変わらないのである。ここで、計算課題はリハーサルを妨害する課題として用いられている。つまり、計算課題によってリハーサルが阻害され、短期記憶から長期記憶への転送ができず再生率が低下し、新近性効果が消失したと考えられるのである。

Figure 1
自由再生による系列位置効果の実験結果（例）

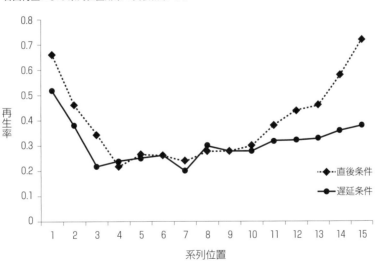

　また、単語の呈示速度を速くすると、新近性効果は影響を受けないが、初頭効果が消失することが示されている（Glanzer & Cunitz, 1966）。初頭効果が消失したのは、呈示速度が速

くなったことによりリハーサルが妨害され、はじめに呈示された単語が長期記憶に転送されなかったためと考えられる。そして、新近性効果は短期記憶に保持されている情報であるため、呈示速度が速くなっても影響を受けなかったといえる。

3．レポートの内容

問　題
・二重貯蔵モデルの説明を行う。
・二重貯蔵モデルに関連する先行研究を用いて、系列位置効果の説明をさらに行う。
・その上で、今回の実験では何を明らかにしようとするのか、すなわち、本実験の目的を記載する。

方　法
実験参加者
　　実験に参加した男女それぞれの人数と、全体の年齢の平均値、標準偏差を記載する。
実験日時と場所
　　実験日時と場所を記載する。
実験器具・課題
　　どのような実験器具あるいは課題を用いたのか、過不足なく記載する。
手続き
　　どのような手続きで実験が行われたのか、詳細かつ過不足なく記載する。実験に参加していない人がこれを読んだときに、同じ実験ができるかどうかに留意しながら記載する。今回の実験では、たとえば以下のような記述が必要となる。
・どのような条件があったのか。
・各条件でどのような教示に従い、何を行ったのか。
・実験の流れはどのように進められたのか。

結　果
・Table 1やFigure 1に何を示したのかを記載する。つまり、図表の説明を行う。
・図表を参照しながら、実験条件ごとにどのような違いがみられたかを記載する。

考　察
・本実験の目的を再び記載する。その上で、今回の実験では、少なくとも以下の2点につき、異なっていた（あるいは、異なっていなかった）ならば、どうしてそのような結果にな

ったのか、第2節で引用した文献などをもとに根拠をあげながら、自分の考えとして述べる。

①再生条件によって、初頭効果は異なっていたか？

②再生条件によって、新近性効果は異なっていたか？

・その他、考えられること、改善点、課題（反省点）などを記載する。

引 用 文 献

Atkinson, R. C., & Shiffrin, R.M.（1968）. Human memory: A proposed system and its control processes. In K. W. Spence & J. T. Spence（Eds.）, *The Psychology of learning and motivation.* Vol. 2.（pp. 89-195）. Academic Press.

Glanzer, M., & Cunitz, A. R.（1966）. Two storage mechanisms in free recall. *Journal of Verval Learning and Verbal Behavior, 5,* 351-360. https://doi.org/10.1016/S0022-5371（66）80044-0

小川 嗣夫・稲村 義貞（1974）. 言語材料の諸属性の検討――名詞の心像性，具象性，有意味度および学習容易性―― 心理学研究, *44,* 317-327. https://doi.org/10.4992/jjpsy.44.317

Postman, L., & Phillips, L. W.（1965）. Short-term temporal changes in free recall. *Quarterly Journal of Experimental Psychology, 17,* 132-138. https://doi.org/10.1080/17470216508416422

—— トピック ——

実験プログラムの4つの課題の実施順は、ランダムにすることが望ましい。

資料7-1　単語リスト

〈Web〉
（http://www.hokuju.jp/
kisojikken/7-1.pdf）

資料7-2　回答用紙

	単語	系列位置
1		
2		
3		
4		
5		
6		
7		
8		
9		
10		
11		
12		
13		
14		
15		

資料7-3　個人集計用紙

		系列位置														
		1	2	3	4	5	6	7	8	9	10	11	12	13	14	15
直後条件	第1試行															
	第2試行															
	平均再生数															
遅延条件	第1試行															
	第2試行															
	平均再生数															

資料7-4　クラス集計用紙

			系列位置														
	ID	年齢	1	2	3	4	5	6	7	8	9	10	11	12	13	14	15
	性別																
条件 （　　）	1																
	2																
	3																
	4																
	5																
	6																
	7																
	8																
	9																
	10																
	再生数																
	再生率																

8 情報の伝達と変容

　ある日、心理学の講義が終わると、Ａくんは担当のＢ先生のところに行き、授業中に板書できなかった箇所について質問をした。Ｂ先生は、Ａくんの質問に丁寧に答えたが、最後に「授業中にもっと集中して話を聞くように」と、少し厳しい口調で話した。その様子を見ていたＣさんは、友人のＤさんに「心理学のＢ先生って、厳しそう」という話をした。その後、「心理学のＢ先生は、怒りっぽくて、学生にも厳しくあたるらしい」という噂が広まっていった。

✛ **1．実験の手続き** ✛

〈実験に必要なもの〉

・ストップウォッチ　１個
・鉛筆と消しゴム×グループ数
・刺激文を印刷した用紙（資料8-1〈Web〉）×グループ数
・妨害課題用の用紙（資料8-2）×参加人数
・伝達文を記述するための用紙（資料8-3）×参加人数
・刺激文に含まれる情報の一覧（資料8-4〈Web〉）×参加人数
・データの集計用紙（資料8-5）×参加人数

※

> 各用紙の印刷面を下に向け、刺激文を印刷した用紙（上）、妨害課題用の用紙（中）、伝達文を記述するための用紙（下）の順に３枚重ねて机の上に置く。伝達順が２番目以降の実験参加者に対しては、刺激文を印刷した紙の代わりに、前の実験参加者が書いた文章を用意して置いておく。

〈全体の流れ〉

【グループ分けと参加順の決定】
　全受講生を４人程度のグループに分ける。できるだけグループの人数にバラつきが出ないよう注意する。グループに分かれたら、グループ内で実験に参加する順番を決定する。

【移動】
　各グループで、１番目に実験に参加する人のみ教室に残り、それ以外の人は別室に移動する。

【実験】
　1番目の実験参加者に対して実験を行う。実験が終わったら、1番目の実験参加者を退室させ、各グループの2番目の実験参加者を入室させる。最後の参加順までこの手続きをくり返す。

〈実験手続き〉

【実験材料のセッティングと最初の教示】
　鉛筆、消しゴムと、※の用紙3枚を机の上にセットし、1番目の実験参加者を着席させる。
（実験参加者が横一列に並ぶようセッティングを行うと実験を進めやすい）

⇩

> 各グループの最後の実験参加者に教示する際は、下線部の教示を「来週の講義で最初に実験に参加する人」など、伝達する相手が明確になるよう配慮し適宜変更する。

【教員からの教示 (以下、教示)】
　「実験を始めます。机の上には3枚の用紙が置かれています。実験者の指示に従って、1枚ずつそれらの用紙をめくるようにしてください。それでは、これから『中国・広東省出身の留学生Mくん』に関する文章を読んでもらいます。はじめにMくんの簡単な紹介文が書かれており、次の枠内にはMくんのある日の行動が書かれています。枠内の文章をよく読み、後で、そのことがらをあなたの次に実験に参加する人に伝えてもらいます。Mくんについての伝達文を作成するときには、これを読み返すことはできませんので、今のうちにしっかり覚えながら文章を読むようにしてください。文章を読んでいるあいだにメモをとったりしてはいけません。ここまでで、何か質問はありますか？（質問があれば、回答する。）文章を読む時間は2分間です。それでは、1枚目の用紙をめくって文章を読み始めてください。」（2分計測する。）

⇩

【教示】
妨害課題
　「読むのをやめてください。1枚目の用紙を裏返し、2枚目の用紙をめくってください。ここで、簡単な課題に取り組んでいただきます。その用紙に自分が住んでいる家の見取り図をできるだけ詳しく描いてください。何か質問はありますか？　時間は3分間です。それでは、描き始めてください。」（3分計測する。）

⇩

---【教示】---

伝達文の作成

「描くのをやめてください。2枚目の用紙を裏返し、3枚目の用紙をめくってください。これから伝達文を作成していただきます。先ほど読んだ文章を思い出し、あなたの次に実験に参加する人に伝えてください。時間は5分間です。それでは、伝達文の作成を始めてください。」（5分計測する。）

---【教示】---

実験の終了と次のセッションの開始

「書くのをやめてください。以上で実験は終了です。静かに退室し、2番目の実験参加者に入室するよう指示してください。なお、実験にまだ参加していない人に対して、実験の内容を伝えないようにしてください。」（実験参加者が入れ替わるあいだに、次のセッティングを行う。実験参加者が書いた伝達文にグループ名と伝達順をメモしておく。）

【セッションのくり返し】

最後の順番の実験参加者までセッションをくり返す。すべてのセッションが終了したら、全員教室に戻るよう指示する。

〈データの整理〉

・全員に資料8-4および資料8-5を配付する。資料8-4を参照し、グループ内で各伝達順の実験参加者が、もとの刺激文にあった情報のうち、どの情報を伝達していたか確認する。文章が完全に一致していなくとも、概ね意味が一致していれば、伝達できていたこととしてよい。

・資料8-4を参照し、留学生ステレオタイプ一致情報、不一致情報ごとに、各実験参加者が伝達した情報の数を資料8-5に書き入れ、グループ内でデータを共有する。

・各グループの集計が終わったら、全グループのデータを共有し、資料8-5を完成させる。

各伝達順における平均値をもとに、図を作成する（「3．レポートの内容」のFigure 1を参照）。

2. テーマの解説：情報の伝達と変容とは？

　人に伝言をお願いして、自分の言っていたことが第三者に正確に伝わっていなかったり、大事な情報が抜け落ちたりしていたという経験はないだろうか。また、災害や事故などが起きると、しばしば根拠のあいまいな情報がデマとして世の中に広まることがある。このように、人から人へと情報が伝達されるにつれて、情報が変容したり脱落したりすることがある。古くは、Bartlett（1932）や Allport & Postman（1947）が、伝言ゲームのように人から人へと情報を伝達していく連鎖再生法（serial reproduction）という実験パラダイムを用いて、情報の伝達と変容の過程を検証した。いずれの研究でも、伝達の連鎖を経るにつれ、もとの情報の詳細な部分が脱落し（平均化）、残った情報が誇張して伝えられ（強調）、人びとがすでに保持している知識や先入観に沿って内容が変化する（同化）ことが明らかにされた。

　ただし、これらの古典的な研究で行われた実験は、十分に統制のとれた手続きにはなっていなかった可能性があった。Kashima（2000）は、社会的認知研究の手法と考え方に基づき、連鎖再生法を用いてあらたに実験を行った。彼は、ステレオタイプと呼ばれる集団に対する先入観が、文化や社会のなかで広く共有されていることに着目し、ステレオタイプに不一致な情報に比べ、一致する情報が人びとのあいだで共有される過程を明らかにした。実験では、ある人物に関するステレオタイプに一致する情報と不一致な情報をほぼ同数含んだ文章を呈示し、実験参加者には、あとでその内容を思い出して記述するよう求めた。半数の実験参加者には、記憶の実験であると伝え、覚えたことをそのまま記述するように教示し、残りの実験参加者には、人から人へ情報を伝達していくことが課題であると告げ、次に来る実験参加者のために文章を記述するよう教示した。実際には、いずれの条件においても実験参加者の記述した文章は、次の実験参加者へ呈示された。最終的には、5人目の実験参加者まで伝えられた内容が、1つの連鎖として分析された。分析の結果、記憶課題であるか、または伝達課題であるかという実験条件にかかわらず、連鎖の最初の方では、ステレオタイプに一致する情報より不一致な情報がより多く記述され、伝達の連鎖を経るにつれ、そのパターンが逆転することが示された。

　連鎖の冒頭において、ステレオタイプに不一致な情報が多く再生されるのは、個人がもともと抱いていたステレオタイプと矛盾する情報を解消しようとする情報処理が働くためであると考えられる。しかしながら、連鎖を経るにつれ、全体的にある程度の情報が脱落していくと、その情報を受け取った個人は、受け取った情報と既存のステレオタイプとのあいだにさほど大きな矛盾を覚えなくなる。その結果、情報の送り手本人だけでなく、情報を受け取る他者にとっても、話題の対象に関する理解に有用な情報として、ステレオタイプに一致する情報が多く伝達されるようになる。よって、結果的に、伝達の連鎖を経るほど、ステレオタイプに一致する情報が不一致な情報よりも人びとのあいだで多く共有さ

れることになる。文化や社会のなかで、差別や偏見が蔓延し、その解消が困難であることの原因の一端は、このようなコミュニケーションを通したステレオタイプに一致する情報の共有にあると考えられる。

3．レポートの内容

問　題

・情報の伝達が行われる際、一般的にどのような現象が生じるのかについて、自身の経験や実際の事例に基づいて述べる。
・ステレオタイプに関連する情報が伝達される過程の特徴について、先行研究をふまえて記載する。
・本研究の目的と仮説を記載する。

方　法

実験参加者

　実験に参加した男女それぞれの人数と、全体の年齢の平均値、標準偏差を記載する。また、1グループあたりの人数とグループ数も記載する。

実験計画

　独立変数と従属変数を記載する。本研究のような連鎖再生法による実験では、個々の実験参加者ではなく、ひとつのグループを1人の実験参加者のように見立てて分析を行う。よって、2（ステレオタイプ関連情報；一致／不一致）×1グループの人数（伝達順）の2要因実験参加者内の実験計画となる。

実験日時と場所

　実験日時と場所を記載する。

実験刺激

　最初の伝達に用いられた刺激文を記載し、刺激文に含まれていたステレオタイプ一致情報および不一致情報の数についても言及する。

手続き

　どのような手続きで実験が行われたか、詳細に記載する。その際、箇条書きにせず、文章で記載することを心がける。
・グループ分けはどのようにして行われたのか。
・実験参加者は、どのような教示を受け、何を行ったのか。
・実験はどのような流れで進められたか。
などを記載する。

結　果

・第1節のデータの整理を参考にし、従属変数の算出方法を記載する。

・Figure 1に示した値が何であるかを述べる。

・資料8-5およびFigure 1を参照しながら、①全体として、ステレオタイプ一致情報と不一致情報の伝達量（個数）の平均に違いがあるか、②伝達の過程を経ることによる伝達量の変化があるかを見た上で、③各伝達順におけるステレオタイプ一致情報、不一致情報の伝達量の違いについて記載する。

Figure 1
ステレオタイプ情報の伝達量（個数）の変化例

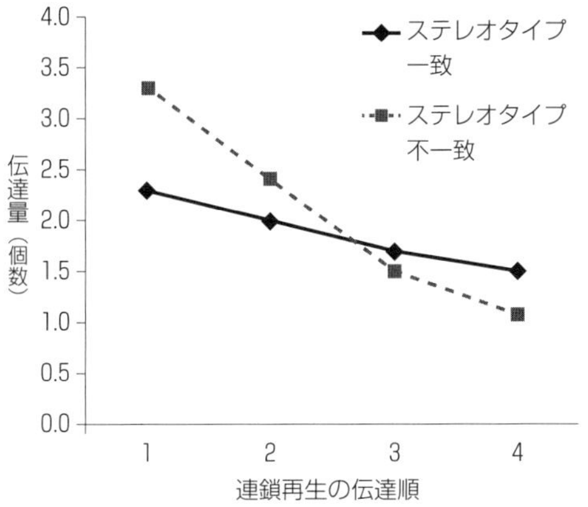

考　察

・本研究の目的と仮説を再び述べる。

・伝達の過程を経るにつれ、ステレオタイプに関連する情報の量がどのように変化したかについて述べ、仮説が支持されたかどうかを検討する。

・仮説が支持された場合には、なぜそのような結果が得られたのかについて先行研究に基づいて考察する。

・仮説が支持されなかった場合には、その理由を多角的に考察する。

・その他、実験の手続き上の問題など、自由に記述する。

引 用 文 献

Allport, G. W., & Postman, L.（1947）. *The psychology of rumor*. Henry Holt.（オルポート, G. W. & ポストマン, L. 南 博（訳）（1952）. デマの心理学　岩波書店）

Bartlett, F. C.（1932）. *Remembering: A study in experimental and social psychology*. Cambridge University Press.

Kashima, Y.（2000）. Maintaining cultural stereotypes in the serial reproduction of narratives. *Personality and Social Psychology Bulletin, 26*, 594-604.　https://doi.org/10.1177/0146167200267007

菅 さやか・唐沢 穣（2006）. 人物の属性表現にみられる社会的ステレオタイプの影響　社会心理学研究, *22*, 180-188.　https://doi.org/10.14966/jssp.KJ00004412251

資料8-1 伝達順が一人目の実験参加者に配付する刺激文（菅・唐沢，2006を改変）

〈Web〉
(http://www.hokuju.jp/
kisojikken/8-1.pdf)

資料8-2 妨害課題用の用紙

自分が住んでいる家の見取り図をできるだけ詳しく描いてください。

資料8-3 伝達文を記述するための用紙

中国・広東省出身の留学生Mくんは大学2年生である。家族は祖父母と両親、本人の5人である。現在は家族と離れ、日本で一人暮らしをしている。

＿＿＿＿グループ　＿＿＿番目　男・女　＿＿＿歳

資料8-4　刺激文に含まれるステレオタイプ一致不一致情報の一覧

〈Web〉 🌐
（http://www.hokuju.jp/
kisojikken/8-4.pdf）

資料8-5　データの集計用紙

全実験参加者のステレオタイプ関連情報の伝達量（個数）と伝達順ごとの平均値						
グループ名	ステレオタイプ関連情報	伝達順				各グループおよび全グループの伝達量の平均
		1	2	3	4	
A	一致					
	不一致					
B	一致					
	不一致					
C	一致					
	不一致					
D	一致					
	不一致					
各伝達順における伝達量の平均	一致情報平均					
	不一致情報平均					

 # 9　問題解決過程

　Ａさんは大学生である。ある日、Ａさんは４時限目の授業に出席したところ、とても気になる異性がＡさんの近くに座った。Ａさんはその異性となんとかして仲良くなりたいと思った。その授業後、Ａさんは自身が所属するサークルで、近々行われる合宿についてのミーティングがあったので参加した。そのミーティングで、Ａさんは食事担当に任命され、合宿所でおいしいカレーを作るよう頼まれた。帰りの電車内で携帯電話のパズルゲームで遊んでいたら、難しくて解けなかった。

　１日でＡさんは３つの問題に直面した。気になる異性と仲良くなるにはどうすればよいか、合宿でおいしいカレーを作るにはどうすればよいか、パズルを解くにはどうすればよいか、である。

✚　1．実験の手続き　✚

〈実験に必要なもの〉

・課題用紙：課題である「ホビットとオーク」が書かれた用紙（資料9-1）
・メモ用紙：課題を解いているあいだに使用するメモ用紙（資料9-2）
・記録用の白紙１～２枚（大きさはB5以上がよい）
・筆記用具
・正解の用紙：正解が書かれた用紙（必要な人のみ）（資料9-3〈Web〉🌐）

〈全体の流れと実験手続き〉

【座席への着席】
　とくに座席を指定する必要はない。しかし、実験参加者が集中して実験に取り組むことができること、他者の回答が見えぬよう隣と接近しすぎないことに注意して着席を促す。

【教員からの教示（以下、教示）】
課題等の配付
　「本日はみなさんに１つの課題を解いてもらいます。個々人の作業になりますので、周囲と相談しないでください。では、今から課題が書かれた用紙、課題を解く際に利用するメモ用紙、白紙の３種類の用紙を配付します。白紙以外は裏に

して配るので、合図があるまで表にしないでください。」

　用紙を裏にして配付する。

　実験参加者全員にすべてが配られたことを確認する。

⇩

【教示】

　「課題は合図に従い一斉に始めてもらいます。各用紙の説明をするため、表にしてもらいますが、開始の合図があるまで課題を始めないでください。では、配付資料を表にしてください。」

⇩

【教示】

　「(資料9-1を示しながら)文章が印刷されているこちらの用紙には課題が書かれています。今から課題を読みますので、その間、みなさんは課題が書かれている資料を見ていてください。また、この課題の文章のなかでは、課題を解く際のルールも示されています。課題の内容だけでなく、ルールにもよく注意してください。では読みます。」

資料9-1を読む。

　「以上が課題です。課題を解く際には、ホビット、オーク、ボートとそのまま書かずに省略記号を使用します。ホビットはH、オークはO、ボートはBと表します。表記の方法については、今読み上げた課題の文章の一番下に記載されています。よく確認してください。」

⇩

【教示】

　「(資料9-2を示しながら)こちらのたくさんの横線が書かれている用紙は、課題を解いているあいだにホビット、オーク、ボートをどのように動かしたのかをメモするために使用してください。横線は川を表しています。この線を挟んでホビット、オーク、ボートを動かします。では、用紙の最上部の左を見てください。『初期状態』と書かれています。この状態がホビット、オーク、ボートの最初の配置です。そして、用紙の最下部に『目標状態』と書かれています。この状態になるようにホビット、オーク、ボートを動かします。次に、この用紙の左端を見てください。上から順に状態1から状態12と書かれています。これはホビット、オーク、ボートを何回移動させたのかを表しています。ですので、この紙を使用する際には上から順に埋めていってください。」

⇩

【確認】

　ここまでで質問がないか受講生の様子を確認する。

↓

「次に、書き方の説明をします。初期状態から目標状態に至るまでに、誰がどこに移動したのかを書いていきます。この用紙の最上部の右を見てください。ここに、初期状態から2人のオークを向こう岸に移動させたとする例が書いてあります。この場合、線の上に2人のオークとボート、線の下に3人のホビットと1人のオークを書きます。この例に従って書いてください。なお、各状態におけるボートの位置はすでに書かれています。また、この用紙では状態12まで書いてありますが、正解の手順は状態12よりも短い可能性も、長い可能性もあります。状態12よりも長くなった場合は、裏を使うなどしてください。解き終わったら、答え合わせをします。一人ひとりがメモ用紙を持って教員のもとに来て、どのように解いたのかを説明してください。」

↓

【確認】

ここまでで質問がないか受講生の様子を確認する。

↓

【教示】

（白紙を示しながら）

「こちらは白紙です。課題を解いているあいだに、どのように考えながら課題を解いたのかを書いてください。ホビット、オークをどのように動かしたのかではなく、どのように考えて動かしたのかを書いてください。省略せずに、できるかぎり詳細に書いてください。この用紙にみなさんが書く内容は、実験レポートの結果を記述する上で必要となるものです。つまり、今回の実験の記録用紙となります。以上が各用紙の説明です。」

↓

【教示】

「次に注意点です。授業冒頭でも述べた通り、課題を解く際には周囲と相談しないでください。課題を解き終わっても全員が終了するまで静かに待機していてください。では始めてください。」

↓

【課題の実践】

↓

【解答の報告】

不正解の場合：不正解であることを伝え，解き直すよう指示する。

正解の場合：レポートに正解を図にして載せるので，正解をきれいに書き写しておくことを指示する。また，課題を解いているあいだの思考過程の記述に漏れがないかを再度確認し，もし漏れがあるのならば書き足すよう指示する。

2. テーマの解説：問題解決過程とは？

　問題解決と聞くと、テスト問題を解く、深刻な悩みやトラブルを解決するといったことを想像する人が多いかもしれない。心理学辞典（中島他，1999）によると、「問題解決（problem solving）とは、生活体が、なんらかの目標を有しているが、その目標に到達しようとする試みが直接的にはうまくいかないという問題場面において、目標に到達するための手段・方法を見出すこと」と定義されている。冒頭のAさんの「気になる異性と仲良くなるにはどうしたらよいか」は一見問題のように見えないかもしれないが、「仲良くなる」という明確な目標があるので問題解決といえる。このように、われわれは小さな問題から大きな問題まで解決しながら社会生活を送っているといえよう。

　では、人間はどのような思考を行い、問題を解決しているのだろうか。問題解決の方略はアルゴリズムとヒューリスティックに分類できる。アルゴリズムとは問題解決に至るまでのすべての状態を試す、しらみつぶしの探索方法である。しらみつぶしに試すので必ず正解にたどり着く。アルゴリズムは問題解決に至るまでに考えられるパターンが少なければ可能な方法だが、パターンが増えるほど人間の認知的容量への負担が大きくなる。コンピュータならば可能な方略だが、人間が行う思考方法としては一般的ではない。

　一方、ヒューリスティックとは、これまでの経験に基づき、問題解決を試みる探索方法である。経験に基づくので、必ず正解にたどり着くという保証はないものの、時間や労力をある程度に抑えるので、アルゴリズムよりも早く正解もしくは比較的良いとされる解決にたどり着く。一般的に人間は認知的負荷が少ないヒューリスティックを用いることが多い。

　ヒューリスティックによる問題解決の方法はいくつかあり、そのなかで手段−目標分析（means-ends analysis）がよく知られている。Newell & Simon（1972）はコンピュータに手段—目標分析を組み込んだ一般的問題解決プログラム（General Problem Solver: GPS）を開発し、多くの問題を解決できることを明らかにしている。手段−目標分析では、問題の構造を問題の最初の状態である初期状態、問題の解にあたる状態である目標状態、初期状態と目標状態との差を認識して、それらの差を埋めるための操作子（operator）に分けて解釈する。初期状態から目標状態に直接たどり着かない場合は下位目標を設定し、下位目標に近づく操作子を選択する。

たとえば、これをカードゲームの UNO で考えてみよう。UNO の初期状態は「最初に配られた 7 枚のカード」であり、目標状態は「早く上がること（＝手札をすべて出し切った状態）」である。初期状態から目標状態に至るまでには、ルールに従い、できるだけ早く手札を少なくしていく。その際に、自分に有利になるよう場札の色を変える、周囲が自分よりも早く上がりそうならばそれを邪魔するカードを出す、などを考える。では、初期状態の手札を少なくするために、まず、「手札のなかから黄色のカードをすべてなくす」と考えたとする。このとき、場札が赤色の場合は黄色のカードを出すことができないので、「黄色のカードを出せるように場札を黄色に変える」必要がある。これが下位目標にあたる。この下位目標を達成するために、手札のなかで取ることが可能な選択肢が操作子である。場札の色を黄色に変えるには、黄色のカードでも場札と同じ数字のカードを出すか、もしくは、色指定のできるカードを出すかである。先にあげた 2 種類のカードが手札になく、それに加えて、手札で出せるカードが 1 枚もない場合を考えてみよう。このようなときは山札から 1 枚引くという選択肢しかないので、操作子は 1 つということになる。

　また、解決すべき問題の種類によって、上述の問題解決の方略が適用可能か否かは異なる。問題は良定義問題（well-defined）と不良定義問題（ill-defined）に区別される。良定義問題とは、問題を成立させている問題空間が明示されている問題のことである。つまり、初期状態と目標状態、操作子、問題を解く際のルールに相当する操作子の適用に関する制限条件が明確な問題を指す。良定義問題の例として、本実験で用いた「ホビットとオーク」、身近なものでは UNO のようなカードゲームやパズルがあげられる。この良定義問題は目標状態と操作子が明確なため、目標状態に至るまでの過程をしらみつぶしに検討することができる。故に、アルゴリズムとヒューリスティックのどちらの方略も可能である。古典的な問題解決過程の研究では、良定義問題が用いられていることが多い。

　一方、上記の点が明確になっていない問題は、不良定義問題と呼ばれる。たとえば、冒頭の A さんの「美味しいカレーを作るにはどうしたらよいのか」という問題を考えてみよう。この問題の目標状態に相当するのは「美味しいカレー」だが、個々人の味の好みがあるだけでなく、美味しいと感じる基準も個々人によって異なるので、目標状態が明確でないといえよう。また、使用する材料や作り方の手順は千差万別であり、目標に至るまでの操作子が複雑で明確とはいえない。そのため、このような問題に対してはアルゴリズムを利用できない。日常的な問題は良定義問題よりも不良定義問題の方が多い。

　最後に、今回の実験で用いているデータの収集方法および分析方法について述べる。今回の実験では課題を解いているあいだに、どのように考えながら課題を解いたのかを書くよう指示している。これは、自身の意識を観察する内観という方法を用いており、かつ、課題を解く過程について言語報告を求めてデータを収集するという方法を取っている。ここで得られた言語報告をプロトコルといい、プロトコルを分析対象とする手法をプロトコル分析と呼ぶ。現在、人間の思考を問題とする領域において、プロトコル分析は有効な研

究手法として取り入れられている。

3．レポートの内容

問　題

・第2節を参考にしながら、問題解決における方略と問題の種類を説明する。
・先行研究を紹介する。
・本実験の目的と仮説を書く。

> このレポートの分析対象は個々人の思考過程であるため、レポートを執筆する本人の性別と年齢も記述する。レポートにおいて一般的な記述ではないので注意する。

方　法

実験参加者

　実験に参加した男女それぞれの人数と、全体の年齢の平均値、標準偏差を記載する。これに加えて、レポートを執筆する本人の性別と年齢も記載する。

実験日時と場所

　実験日時と場所を記載する。

実験課題

　どのような課題を扱ったのかを説明する。つまり、課題の構造を説明し、課題文を記載する。

手続き

　同じ実験を再現できるように過不足なく記載する。
・教員から受けた指示、注意点を記載する。
・課題を解いている状況を記載する。
・分析手法を記載する。

結　果

・受講生全員の思考をまとめる必要はなく、自分自身の思考をまとめる。これにあたり一人称を使う場合は、「私」ではなく「筆者」にする。

> このレポートでは、「筆者」と記述するが、レポートにおいて一般的な記述ではないので注意する。

・課題をどのように解いたのかを丁寧に記述する。たとえば、「2人のオークをボートに乗せて向こう岸に移動させた」というような記述では、何を考えて2人のオークを向こう岸に移動させたのかといった思考プロセスが記述されていない。このような場合、「向こう岸にはオークが1人だけいるから、ホビットが殺されないようにするためには、オークが2人で移動するか、ホビット1人もしくはオーク1人が向こう岸に移動するしかない」といった思考の記述が必要である。しかし、受講生のなかには、とくに何も考えることなく、直感的に正解にたどり着く人もいる。このような人の場合は、何を考えてホビットとオークを動かしたのかについて詳細に記述することは難しいので、正解にたどり着くまでのひらめきをそのまま記述する。

・正解の図（Figure 1）を作成して載せる。なお、資料9-3に正解を載せている。

> 自力で正解できなかった受講生は、教員から示された正解を Figure 1にする。

考　察

・結果に基づいて、アルゴリズムとヒューリスティックのどちらの解決方略を用いたのかを考察する。

・本実験の改善点、今後の課題を書く。

引 用 文 献

中島 義明・安藤 清志・子安 増生・坂野 雄三・繁桝 算男・立花 政夫・箱田 裕司（編）(1999). 心理学辞典　有斐閣

Newell, A., & Simon, H. A. (1972). *Human problem solving.* Prentice Hall.

── トピック ──

・**課題**：「ホビットとオーク」のほかに、「ハノイの塔」など単純なパズルの課題を用いて行ってもよい。「ハノイの塔」とは「ホビットとオーク」と同じ良定義問題であり、初期状態と目標状態、操作子、操作子の適用に関する制限条件が明確な問題である。「ホビットとオーク」と同様に、問題解決過程の研究で昔から用いられている課題である。

・**実験中**：

（1）受講生からの質問への対応

　課題を解いているあいだに受講生から課題に関する質問が出る可能性が高い。このような場合、①質問を受けつけず自力で解決してもらう、②教員のもとに個別に質問に来てもらう、③課題を開始する前に質問を受講生全員で確認する、といったやり方

があるだろう。受講生が独力で解決することも、問題解決の一部であると考えれば、①の方針を取るのもよいだろう。しかし、受講生が多いほど、質問や課題解決に要する時間にバラつきがある。これについては、授業の人数と時間を考慮して、あらかじめ方針を決めておくとよい。

なお、課題についてよく見られる質問は次の通りである。「ボートはホビットとオークを乗せなくても自動で動くのか」、「オークがホビットよりも多くなると、ホビットはオークに食べられてしまうというルールは川を渡る前でも後でも適用されるのか」、「ボートに乗ったままであれば、岸に降りたことにならないのではないか」である。

（2）課題を自力で解けない受講生への対応

課題が解けず、焦って混乱してしまう受講生が出る可能性がある。このような場合、教員がどのように対応するのか決めておく必要がある。たとえば、受講生のうち1人だけが課題を解けず完全に手が止まっているような場合は、教員がどこまで解いたのか、どこでわからなくなったのかを確認して助言をするのもよい。

また、教員が助言をしても、授業時間内にどうしても課題が解けない受講生がいた場合は教員が正解を伝える。このとき、教員は受講生にただ正解を示すだけでなく、どこでわからなくなったのかを確認し、このわからなくなった部分についてしっかりレポートに記述するよう指示する。

資料9-1　課題用紙

3人のホビットと3人のオーク（鬼）が旅をしている途中、川に行きあたった。岸には小さなボートがあった。6人全員が向こう岸に渡りたいのだが、ボートには2人しか乗れない。オークは凶暴で、ホビットよりもオークの人数が多くなるとホビットを殺してしまう。
どうすれば無事に6人全員を向こう岸に渡すことができるだろうか。最短の手順を示しなさい。

ホビット＝H　オーク＝O　ボート＝B

資料9-2　メモ用紙

初期状態	HHHOOO B	（書き方の例： 初期状態からOを2人移動させた場合）			OO B HHHO

| 状態1 | ___ B | ___ B | ___ B | ___ B | ___ B |

| 状態2 | ___ B | ___ B | ___ B | ___ B | ___ B |
| 状態3 | ___ B | ___ B | ___ B | ___ B | ___ B |

| 状態4 | ___ B | ___ B | ___ B | ___ B | ___ B |
| 状態5 | ___ B | ___ B | ___ B | ___ B | ___ B |

| 状態6 | ___ B | ___ B | ___ B | ___ B | ___ B |
| 状態7 | ___ B | ___ B | ___ B | ___ B | ___ B |

| 状態8 | ___ B | ___ B | ___ B | ___ B | ___ B |
| 状態9 | ___ B | ___ B | ___ B | ___ B | ___ B |

| 状態10 | ___ B | ___ B | ___ B | ___ B | ___ B |
| 状態11 | ___ B | ___ B | ___ B | ___ B | ___ B |

| 状態12 | ___ B | ___ B | ___ B | ___ B | ___ B |

| 目標状態 | HHHOOO B |

資料9-3　「ホビットとオーク」課題の正解

〈Web〉🌐
(http://www.hokuju.jp/
kisojikken/9-3.pdf)

 **10** # 4枚カード問題

「ねえ先生、なんでマイナスの数を引き算すると、プラスになるの？ たとえば、『5引くマイナス5』の答えが10になるのはなんで？」

「こういうふうに考えてみたらどうだろう。最初に5円もっていました。そこから借金が5円減りました。すると最初に比べて5円増えているよね？」

「なるほど、よくわかったよ。具体的な話で考えた方がわかりやすいね。」

✚ 1．実験の手続き ✚

〈実験に必要なもの〉

・問題用紙A（資料10-1：抽象的問題）、問題用紙B（資料10-2：具体的問題）

・筆記用具

〈全体の流れ〉

【個別に席につかせる】

　ほかの実験参加者の解答が見えないように、できるだけ離れた席に着席させる。

【実験】

　問題Aを配付し、回答させる。問題Aを回収後に、問題Bを配付して回答させる。

〈実験手続き〉

　　──【教員からの教示（以下、教示）】──

　「それでは実験を始めます。今から配付する用紙に書かれている問題を読んで解答してください。用紙には名前を書かなくてけっこうです。

　　他の人の解答を覗いたり、相談したり、おしゃべりをすることは禁止します。回答が終わったら筆記用具を置いて、解答用紙を裏返しにしてください。」

【問題用紙 A（抽象的問題）の配付】

「片面にそれぞれ『A』『K』『4』『7』と書かれた 4 枚のカードがある。4 枚のカードの片面にはアルファベット 1 文字、片面には数字が書いてある。『カードの片面に母音が書いてあれば、裏側の数字は偶数である』というルールがあったとして、このルールが守られているか確かめるためには、少なくともどのカードを裏返して確認すればよいか。」

【問題用紙の回収】

全員が解答し終わったことを確認し、回収する。

【教示】

「もう 1 枚、問題用紙を配付します。今から配付する用紙に書かれている問題を読んで解答してください。用紙には名前を書かなくてけっこうです。

他の人の解答を覗いたり、相談したり、おしゃべりをすることは禁止します。回答が終わったら筆記用具を置いて、解答用紙を裏返しにしてください。」

【問題用紙 B（具体的問題）の配付】

「片面にそれぞれ『ビール』『ジュース』『20歳』『10歳』と書かれた 4 枚のカードがある。4 枚のカードの片面にはある人物の年齢、片面にはその人物が飲んでいる飲み物が書いてある。『20歳未満はアルコール飲料を飲んではいけない』というルールが守られているか確かめるためには、少なくともどのカードを裏返して確認すればよいか。」

【問題用紙の回収】

全員が解答し終わったことを確認し、教員が回収する。

【採点・集計】

教員が問題 A と問題 B それぞれの正答者数と誤答者数を集計する。

問題 A の正答者数と誤答者数、問題 B の正答者数と誤答者数を板書して学生に呈示する。

【実験終了の説明】
　実験が終わりであることが伝えられる。

〈データの整理〉

・各問題の正答数と誤答数およびその割合をクロス集計表にまとめる（「3. レポートの内容」のTable 1を参照）。

2. テーマの解説：4枚カード問題とは？

　思考とは、結論を導き出すためにもっている知識や経験を活用することを指す。われわれは個人の知識や習慣を利用して思考を行う一方で、知識や習慣が思考に悪影響を及ぼすこともある。また、思考を行いながら、それまでもっていた知識や習慣を改変したり修正したりもする。

　われわれは思考を用いることで、問題解決や推論を行う。問題解決とは、目標に簡単に到達することができない状況下で、目標に到達するための方法や手段を探ることである（第9章「問題解決過程」参照）。

　思考によって、既知の前提から新しい結論を導き出すはたらきや過程のことを推論という。推論は大きく分けて2つに分類される。1つは帰納的推論である。帰納的推論とは、個々の事例から一般的法則を導き出すことである。たとえば、「カラスという鳥は飛ぶ」「ハトという鳥は飛ぶ」「ツバメという鳥は飛ぶ」という事例をもとに「鳥は飛ぶ」という法則を導くことが帰納的推論である。帰納的推論は概念学習などで非常に重要な思考方法であるととらえられている。しかし帰納的推論では、個々の事例が正しくても、導き出される結論が正しいとはかぎらない。上述の例を考えると、3つの事例はすべて正しいが、「鳥は飛ぶ」という結論は必ずしも正しいとはいえない。なぜなら、ペンギンやダチョウのように飛べない鳥も存在するからである。このように、帰納的推論は必ずしも正しい結論を導くとはかぎらず、誤りをおかすこともある。また、確率に関する問題の推論などでは誤りをおかしやすいという特徴がある（例：リンダ問題。トピック参照）。

　もう1つの推論は、演繹的推論である。演繹的推論とは、1つ以上の前提から論理的規則に従って結論を導き出すことである。たとえば、「人は必ず死ぬ」「ソクラテスは人である」という前提から、「ソクラテスは必ず死ぬ」という結論を導き出すことが演繹的推論である。演繹的推論では、前提が正しければ結論は必ず正しくなる。しかし、抽象的な問題の場合は誤りをおかしやすいという特徴がある。

抽象的な問題における演繹的推論の誤りについて実証する課題として、Wason（1968）の4枚カード問題があげられる。この課題では「カードの片面にはアルファベット1文字、もう片面には数字が1文字書いてある。片面が母音ならば、片面は偶数である」という大前提と、「4枚のカードの片面がそれぞれA、K、4、7である」という小前提が呈示される。そして、大前提が妥当であることを検討するためには、どのカードの裏面を確認する必要があるかを問う。正解はA（母音の裏が偶数であることを確認）と7（奇数の裏に母音がないことを確認）である。大学生を対象とした実験結果（Johnson-Laird et al., 1972）では、正解率はわずか4％程度であることが明らかになっている。一方で、今回の実験における問題Bのように、解決には全く同じ推理が必要であるが問題文が具体的なものに関しては、正解率が80％以上となっていた。

　以上のように、われわれは日常生活で問題解決や推論を行っているが、誤ることが多い。われわれの問題解決や推論の正誤は、問題の抽象度や、もともともっている知識・習慣など、さまざまな要因によって干渉されているのである。

✚ 3. レポートの内容 ✚

問　題

・思考や推論についての説明を行う。
・Wason（1968）や Johnson-Laird et al.（1972）などの、4枚カード問題に関連する先行研究を引用し、今回の課題についての説明をさらに行う。
・その上で，今回の実験では何を明らかにしようとしたのか、その目的について記述する。
・仮説を考え、記載する。

方　法

実験参加者

　対象の男性と女性の数，年齢の平均値，標準偏差を記載する。

実験日時と場所

　実験日時と場所を記載する。

実験課題

　どのような課題を用いたのか、過不足なく記載する。

手続き

　どのような手続きで実験が行われたか，以下の内容を中心に詳細に書く。後でこれを読んだ人が，同じ実験を行えるように詳しく書く。その際，箇条書きにせず文章で書くこと。
・どのような教示を受け、何を行ったのか。

・実験の流れはどのように進められたか。

・どのような問題に解答したのか。

結　果

・問題 A と問題 B の正答率・不正答率を算出し、Table 1を作成する。

・Table 1に何を示したか説明をする。

Table 1
各問題の正答者数・誤答者数（例）

	正答	誤答
問題 A	2	18
（抽象的問題）	(10.0%)	(90.0%)
問題 B	17	3
（具体的問題）	(85.0%)	(14.0%)

・統計的仮説検定（後述）を行った場合は、その結果を書く。

考　察

・本実験の目的および仮説を再掲する。

・抽象的問題と具体的問題とで、正答率は異なっていたか、検討する。

・結果的に、仮説は支持されたかどうかを述べる。

・どうしてこのような結果になったのか、引用文献などをもとに根拠をあげながら自分の考えを述べる。

・その他、考えられること、改善点、課題などを記載する。

引 用 文 献

Johnson-Laird, P. N., Legrenzi, P., & Legrenzi, M. S. (1972). Reasoning and a sense of reality. *British Journal of Psychology, 63*, 395-400. https://doi.org/10.1111/j.2044-8295.1972.tb01287.x

Wason, P. (1968). Reasoning about a rule. Quarterly *Journal of Experimental Psychology, 20*, 273-281. https://doi.org/10.1080/14640746808400161

――― トピック ―――

・実験中はほかの実験参加者の解答を覗かないことや、解答が終わってもおしゃべりや相談はしないことをしっかりと教示する。とくに問題 A を回収して、問題 B を配付するまでのあいだに、おしゃべり等が発生する場合が多いので、あらかじめ注

意をしておく。

・考察で改善案を記述する際には，単に案を述べるだけではなく，なぜそのようにしたらよいのか，理由までしっかりと記述すること。

・統計的仮説検定を行う場合は、χ^2検定（独立性の検定）を行い、2つの問題の正答率が異なるか検討する。

・追加課題として、「問題解決や推論の正誤性に干渉しうる要因を考えさせ、その要因の影響を検討するための問題を作成させる」などが考えられる。今回の実験では、問題の抽象度によって問題解決の正誤性に影響が生じることを検討している。それ以外に問題解決や推論の正答率に干渉しそうな要因を考え、それを実験的に検討するためにはどのような問題を作成すればよいのかを考えてみる。例としてリンダ問題（以下）などがあげられる。

・帰納的推論を歪める例として、リンダ問題（Tversky & Kahneman, 1983）がある。リンダ問題は連言錯誤（ある個別事象よりもそれを含む連言事象の確率の方が高いと判断される事象）や代表性ヒューリスティック（ある事象が特定のカテゴリーに属するかどうかの確率を、その事象がカテゴリーを見かけ上よく代表しているか否かに基づいて判断する直感的方略）が確率推論に影響を及ぼしていることを示す例である。

リンダは31歳の独身女性である。非常に知的で、はっきりものを言う性格である。大学時代は哲学を専攻しており、学生の頃は社会主義と差別問題に関する活動に深くかかわっていて、核兵器反対のデモにも参加したことがある。さて、この女性の今を推測する場合、可能性が高いのはどちらか。

1．彼女は銀行員である。

2．彼女は銀行員で、女性運動で活動している。

答は1であるが、2の方が可能性が高いと推論を歪めてしまう。

1の場合は「彼女は銀行員である」という条件だけを満たしていればよいが、2の場合は「彼女は銀行員である」「女性運動で活動している」の両方の条件を満たしていなければならない。すなわち、2の条件を達成していれば、必ず1の条件を達成していることになる。にもかかわらず、2の方がわれわれは想像しやすいため、直感的に2の方が可能性が高いと推測してしまいがちである。

引 用 文 献

Tversky, A., & Kahneman, D.（1983）. Extensional versus intuitive reasoning: The conjunction fallacy in probability judgment. *Psychological Review, 90*, 293-315. https://doi.org/10.1037/0033-295X.90.4.293

| A | K | 4 | 7 |

　片面にそれぞれ「A」「K」「4」「7」と書かれた 4 枚のカードがある。

　4 枚のカードの片面にはアルファベット 1 文字、片面には数字が書いてある。

　「カードの片面に母音が書いてあれば、裏側の数字は偶数である」というルールがあったとして、このルールが守られているか確かめるためには、少なくともどのカードを裏返して確認すればよいか。

答：

| ビール | ジュース | 20歳 | 10歳 |

　片面にそれぞれ「ビール」「ジュース」「20 歳」「10 歳」と書かれた 4 枚のカードがある。

　4 枚のカードの片面にはある人物の年齢、片面にはその人物が飲んでいる飲み物が書いてある。

　「20 歳未満はアルコール飲料を飲んではいけない」というルールがあったとして、このルールが守られているか確かめるためには、少なくともどのカードを裏返して確認すればよいか。

答：

 # パーソナルスペース

　エレベーターに1人で乗っているときに途中で数名の人が乗ってきたら、なんとなく落ち着かなくなり、息苦しさを感じた。あまり親しくない友人や初対面の人と話しているとき、その相手が予想以上に近い距離にくると、不快な気持ちや息苦しさを感じた。電車で座席に座っていると、ほかにも席は空いているのにもかかわらず、自分のとなりに知らない人が座ってきて息苦しさや居心地の悪さを感じた。逆に、自分のとなりに座っていた人が席を立って離れていくと、その息苦しさや居心地の悪さが軽くなった。

✚ 1．実験の手続き ✚

〈実験に必要なもの〉

- ・メジャー（巻尺）×測定スペース数分
- ・ビニールテープ
- ・個人結果記録用紙（資料11-1）×人数分
- ・全体結果集計用紙（資料11-2）

〈全体の流れと実験手続き〉

【測定環境の準備】

　パーソナルスペースを測定するためのスペースを確保するため、教室内であれば机やイスを片づける。また、測定は壁から離れて行うようにし、測定スペースの周囲2メートル四方には、机などの備品や壁がないようなできるだけ広い場所で行う。

　測定スペース中央の床に、ビニールテープで3メートルの直線を1本引く。
（条件が満たされるスペースが余分にある場合は、実験の進行をスムーズにするため測定スペースを複数作成するとよい。）

⇩

【接近者（実験協力者）の選定】

　実験を行う際に、それぞれの実験参加者に対して徐々に近づいていく接近者（実験協力者）の決定を行う。接近者の決定は、実験参加者に行ってもらう。その際、Little（1965）などによってパーソナルスペースの大きさは、相手との心理的距離、すなわち親密度（仲の良さ）によって異なることが指摘されていることから、この実験においては各実験参加者と接近者の親密度が同程度になるように統制を行う。すべての実験参加者（被接近者）と接近者との親密度（仲の良さ）を同程度にしなければ、測定結果の正確な比較ができないからである。そこで、具体的には、「2人だけで個人的な会話をするほど親しくはないが、仲が悪いというわけでもない同性の友人」を接近者として選定してもらう。このように、男性と男性、女性と女性という同性同士の組み合わせで男女別に実験参加者間計画で実験を行う（男女差の検討）。

　（なお、今回は、同性同士の組み合わせで実験を行うが、もし男性1人、女性20人のように、異性としかペアが組めない人がいるクラスの場合は、親密度の条件に合う異性に接近者となってもらい、実験および結果の記録を行う。しかし、今回は同性同士でのパーソナルスペースの性差を検討するため、この異性のペアのデータは、分析に用いるデータには含めない。また、接近者になる人に関しては同じ人が何度なってもかまわない。）

　また、実験は①アイコンタクトあり条件（お互いが目を合わせている）と②アイコンタクトなし条件（実験参加者のみが接近者の目を見て、接近者は下を向いている）の2条件を実験参加者内計画（同じ人に行う）で実施する。接近者は、実験者の教示に従い、条件通りの行動をとるようにする（つまり、本実験は、性別（男性、女性：参加者間）×アイコンタクト条件（あり条件、なし条件：参加者内）といった2×2の2要因混合の実験計画である）。

⇩

【記録用紙の配付】

　1人に1枚ずつ個人結果記録用紙（資料11-1）を配付する。

　全員が記録用紙に自分の氏名等を記入し終えたら、測定スペースに列を作って並び、順に実験を行う。複数の測定スペースが確保できている場合は、それぞれのスペースに分かれて並ぶ。なお、列を作る際の注意点として、実験参加者の視界に順番待ちをしている人が入らないように留意する。

⇩

【実験者の準備と教示】
　測定スペースにメジャーが配付される。
　実験参加者の次に並んでいるペアのうちの1人が実験者となり、実験・測定を行う。
　実験者は個人結果記録用紙を実験参加者から受け取って氏名を実験者氏名欄に記入し、これから行う実験がアイコンタクトあり条件なのか、アイコンタクトなし条件であるのか確認をする。なお、第1試行と第2試行の実験者は同じ人が行うようにする。

【実験者から接近者への教示（以下、教示）】
　「床に3メートルの直線がテープで引かれています。一方の端に実験参加者が立ちます。あなたには、まず、このテープのもう一方の端に実験参加者の方を向いて立ってもらいます。あなたは実験の開始から終了まで、感情を表情に出さないようにして、無表情かつ無言でいてください。
　私が実験開始の合図をしますから、その合図でスタートし、フリーカウントで2秒につき靴の長さの半分ずつ実験参加者に近づいていってください。」

【教示】
アイコンタクトあり条件を行う場合：
　「今回は、『実験参加者の目』を見続けながら近づいていく条件での実験を行います。実験参加者と向き合って立ってから測定終了まで、あなたには『実験参加者の目』を見続けてもらいます。」
- -
アイコンタクトなし条件を行う場合：
　「今回は、『自分のつまさき』を見続けながら近づいていく条件での実験を行います。実験参加者と向き合って立ってから測定終了まで、あなたには『自分のつまさき』を見続けてもらいます。」

【教示】
　「実験開始後、実験参加者が『はい』といって合図を出したら、その場で止まってください。実験参加者の『はい』という合図によって止まった後で、『近づきすぎている』や『もう少し近くてもいい』と実験参加者が言った場合には、実験参加者の指示に従って位置の調整を行います。位置の調整の際には、2秒につき靴の長さの半分ずつ前進、または後進して調整をしてください。位置が確定した後、あなたのつまさきと実験参加者のつまさきの距離を測定させてもらいます。」

⇩

┌───┐
│ 【実験者から実験参加者への教示】 │
└───┘

　「これから行う実験は、人が他人とどのくらいの距離をとっていれば、『気詰まりな感じ』や『落ち着かない感じ』、『不快な感じ』を受けないかを調べるものです。この実験においての『気詰まりな感じ』や『落ち着かない感じ』、『不快な感じ』というのは、相手が近づいてくることによって、嫌な感じがする、目をそらしたくなる、不安な感じがする、笑いたくなる、といった感情の変化が起こることを指します。

　床に３メートルの線が引かれています。あなたには、このテープの端に立ってもらいます。実験が開始されるともう一方の端から、実験協力者があなたに向かって近づいてきます。あなたは、近づいてくる実験協力者の目を、表情を変えずに無言で見続けてください。

　これから実験協力者は、私が行う開始の合図から、２秒につき靴の長さの半分ずつあなたに近づいてきます。これ以上近づかれると嫌な感じがする、目をそらしたくなる、不安な感じがする、笑いたくなる、などを感じ始めるところで『はい』といって合図を出してください。その合図で実験協力者は接近するのをやめて停止します。一度停止してもらった後で、近づきすぎていたり、もう少し近くてもいいと思った場合には、指示を出して位置を調整してください。位置が確定した後、あなたのつまさきと実験協力者のつまさきの距離を測定させてもらいます。」

【実験参加者と接近者が立ち位置につく】
　実験参加者と接近者それぞれに、床に引かれたテープの端に立ってもらう。

【実験】
　準備ができたら実験者が開始の合図を出し、実験を始める（接近者が近づいていく）。接近者の位置が確定したら、実験者は、実験参加者のつまさきと接近者のつまさきとの距離を計測し、パーソナルスペースの大きさとする。

【第１試行】
　実験参加者ごとに順番に行う（慣れの影響をさけるため、続けて２条件を行わない）。
　なお、２条件の順序効果が考えられるためにカウンターバランス（第１章を参照）をとるほうが良い。具体的には、第１試行を①アイコンタクトあり条件から始める人、②アイコンタクトなし条件から始める人に分ける。

↓

【記録用紙への記入】

　実験者は計測した距離を cm 単位で個人結果記録用紙（資料11-1）に記入する。

↓

【第2試行】

　条件を変えて実験参加者ごとに順番に行う。

　第1試行でアイコンタクトあり条件を行った人は、アイコンタクトなし条件を、第1試行でアイコンタクトなし条件を行った人は、アイコンタクトあり条件を行う。

　実験者は、これから行う実験がアイコンタクトあり条件なのか、アイコンタクトなし条件であるのか確認をし、それぞれの条件に対応した教示をする。

↓

【記録用紙への記入】

　実験者は計測した距離を cm 単位で個人結果記録用紙に記入する。

〈データの整理〉

・全体結果集計用紙（資料11-2）を巡回させ、各自の計測した距離を記入していく。全員の記入が終わったら、コピーをして全員に配付し、数値の共有を行う。

・男女ごとにアイコンタクトあり条件、アイコンタクトなし条件の平均値と標準偏差を算出し、表を作成する（「3. レポートの内容」の Table 1 を参照）。

 ## 2．テーマの解説：パーソナルスペースとは？

　冒頭の例のように、周囲にいる他者の存在によって、なんとなく気まずさや居心地の悪さを感じたことはないだろうか。ほかにも空いている席があるのにもかかわらず、自分のとなりに知らない人が座ってきて、嫌な気持ちになったことはないだろうか。会話をしているときなど、その話し相手との距離の近さに不快感や違和感を覚え、もっと距離をとりたくなったことはないだろうか。これらの出来事での「気まずさ」や「居心地の悪さ」、「不快な気持ち」などは、自分と他者との「距離」に関係して発生する。われわれは、目には見えないいわば「なわばりのような空間」をもち運びながら生活している。その空間に歓迎をしていない他者が侵入することで、不快感などを覚えるのである。例にあげた出来事

は、自分のもっているその空間に必要以上に侵入された（空間内において距離をつめられた）ため、不快な感情を覚えたのである。自分が「これ以上は近づいてほしくない」と思う空間・距離をもっているように、他者もそのような空間・距離をもっている。他者との距離というものは、非常に重要なものである。

以上のように、われわれは他者とのあいだに一定の距離をとり、それを保つ傾向がある。このことは、われわれが自分の周囲に他者の侵入を許さない空間

Figure 1
パーソナルスペースのイメージ

をもっていることを示しており、このような空間はパーソナルスペース（個人空間）と呼ばれる（Sommer, 1969）。

　一般的にパーソナルスペースの形は、同心円状ではなく、前方（正面）に広く、後方に狭いという異方的構造（その性質が方向によって異なる構造）をもつことが知られている（Figure 1）。田中（1973）は、パーソナルスペースがこのような異方的構造をもつ理由について、視覚的接触の様式の違いから生じる他者の刺激価（ある刺激が、どのような刺激的性質をどの程度もっているのか）が原因であると考察している。すなわち、前方（正面）では、視線的接触が交差するアイコンタクトが発生するため、他者の刺激価がどの方向よりも高くなり、結果的にほかの方向に比べてもっとも広い距離がとられる。また、相手が自分の目を見ておらず、視線的接触が交差しなかった（目が合わなかった）としても、前方（正面）では自分から相手のことがよく見えてしまうため、結果として他者の刺激価が高くなり、ほかの方向に比べて広い距離がとられる。

　一方、視覚的接触が一方向になる（目が合わない）横方向や後方では、刺激価が小さくなるためにとられる距離が小さくなるのである。横方向や後方では自分から相手はほとんど見えないため、相手の方をあえて見なければその他者から受ける刺激価が大きくなることはないだろう。

　また、パーソナルスペースは、さまざまな要因によってその大きさ（相手とのあいだにとられる距離）が異なる。たとえば、相手との社会的関係によって大きさが異なることが指摘されている。Little（1965）やWillis（1966）は、相手との親密度が高いほど相手との距離が小さくなることを明らかにしている。また、パーソナルスペースには性差があり、Willis（1966）や青野（1981）によると、男性よりも女性のパーソナルスペースの方が小さいことが明らかにされている。

　以上のように、われわれはパーソナルスペース（個人空間）をもっており、その空間、領域の広さを相手との関係性などによって調整しているのである。

3. レポートの内容

問 題

・パーソナルスペースについての説明を行う。

・Sommer（1969）や田中（1973）、Willis（1966）などの研究をはじめ、パーソナルスペースに関連する先行研究を調べ、引用しながらパーソナルスペースについての説明をさらに行う。

・その上で、今回の実験では何を明らかにするのか、実験目的・仮説について記述する。

方 法

実験参加者

対象の男性と女性の数、年齢の平均値、標準偏差を記載する。

実験計画

どのような独立変数（条件）を用い、どのような実験計画を設定したのか、従属変数は何であったかを記載する。

実験日時と場所

いつどこでどのような環境を作って実験を行ったのか記載する。

実験器具

用いたものを記載する。

手続き

どのような手続きで実験が行われたのか、後でこれを読んだ人が同じ実験を行えるように以下の内容を中心に詳しく記載する。その際、箇条書きにせず、文章で記載する。

・接近者（実験協力者）の選定はどのように行ったか。

・どのような教示を与え、何を行ったのか。

・実験の流れはどのように進められたのか。

結 果

・まず、何を Table 1に示したのかを記載する。つまり、Table 1の説明を行う。Table 1

Table 1

測定距離の平均値と標準偏差

	男性（$n =$○）		女性（$n =$○）	
	アイコンタクトあり	アイコンタクトなし	アイコンタクトあり	アイコンタクトなし
測定距離 （単位：cm）	（　　）	（　　）	（　　）	（　　）

には、性別ごとに各条件のパーソナルスペースの平均値と標準偏差を書き入れる。条件や数値など必要な情報を漏らさず記載すること。

・次に、それぞれの条件の平均値などの値を文章で説明する（例：男性のアイコンタクトなし条件の平均値は○.○○（*SD*=○.○○）、アイコンタクトあり条件の平均値は○.○○（*SD*=○.○○）であった。女性のアイコンタクト条件の……。このことから……）。「実験の結果を Table 1に示す。」の記述のみで結果部分を終わらせずに、上記のように文章で結果の説明を行う。

・また、統計的仮説検定を行った場合には、その結果について必要な統計量を記述しながら説明をする。

考　察

・本実験の目的を再掲する。その上で、今回の実験では、少なくとも以下の３点について、それぞれ差がみられたのならば、なぜそのような差が生じたのか、差がみられなかった場合には、なぜ差が生じなかったのか、問題部分で引用した文献などをもとに、根拠をあげながら自分の考えとして述べる。

①アイコンタクトあり条件となし条件で計測距離には差がみられたか。

②アイコンタクトあり条件、なし条件のそれぞれの計測距離に性差がみられたか。

③上記①の結果について、性差がみられたか。

・結果的に先行研究と結果は同じであったかどうか述べる。

・その他、考えられること、実験の改善点、気づいたことなどを記載する。

引　用　文　献

青野　篤子（1981）. 個人空間に及ぼす性と支配性の影響　心理学研究, *52*, 124-127.　https://doi.org/10.4992/jjpsy.52.124

Little, K. B.（1965）. Personal space. *Journal of Experimental Social Psychology, 1*, 237-247.　https://doi.org/10.1016/0022-1031(65)90028-4

Sommer, R.（1969）. *Personal space: The behavioral basis of design.* Prentice Hall.（ソマー, R. 稲山 貞登（訳）.（1972）. 人間の空間——デザインの行動的研究——　鹿島出版会）

田中　政子（1973）.　Personal Space の異方的構造について　教育心理学研究, *21*, 223-232.　https://doi.org/10.5926/jjep1953.21.4_223

Willis, F. N., Jr.（1966）. Initial speaking distance as a function of the speakers' relationship. *Psychonomic Science, 5*, 221-222.　https://doi.org/10.3758/BF03328362

┌── トピック ──

・統計的仮説検定に関しては、アイコンタクト条件（なし条件、あり条件：参加者内）×性別（男性、女性：参加者間）を独立変数、計測距離を従属変数とする 2 × 2 の 2 要因混合計画の分散分析を実施することが可能である。

・統計的仮説検定に慣れていない場合には、①男女それぞれで、アイコンタクトなし条件とあり条件の計測距離の比較を行う対応のある平均値差検定、②性別を独立変数とし、アイコンタクトなし条件の計測距離、アイコンタクトあり条件の計測距離に性差があるかを検討する対応のない平均値差検定をそれぞれ行うといいだろう。

資料11-1　個人結果記録用紙

記録用紙

実験参加者　ID：

実験者氏名：＿＿＿＿＿＿＿＿＿＿＿＿＿

実験参加者氏名：＿＿＿＿＿＿＿＿＿＿＿＿

実験参加者年齢：（　　　　　）歳　　　　　実験参加者性別：（　男性　・　女性　）

接近者氏名：＿＿＿＿＿＿＿＿＿＿＿＿＿

試行順序	アイコンタクトの有無	計測距離（cm）
第1試行	あり・なし	cm
第2試行	あり・なし	cm

資料11-2　全体結果集計用紙

ID	年齢	性別	アイコンタクトあり	アイコンタクトあり 測定距離	アイコンタクトなし 測定距離
		男・女	第1試行・第2試行	cm	cm
		男・女	第1試行・第2試行	cm	cm
		男・女	第1試行・第2試行	cm	cm
		男・女	第1試行・第2試行	cm	cm
		男・女	第1試行・第2試行	cm	cm
		男・女	第1試行・第2試行	cm	cm
		男・女	第1試行・第2試行	cm	cm

12 透明性錯覚

　Aさんは4人の仲間とバンドを組んでいる。実はメンバーの1人であるBくんに恋愛感情を抱いているが、学園祭のライブが終わるまではバンド内の雰囲気を崩したくないので、今はこの気持ちを誰にも悟られないようにしている。しかしBくんといるとどうしても浮き立ってしまうので、メンバーにはすでに自分の気持ちを気づかれているのではないかと感じている。実際にAさんの気持ちに気づいているメンバーは何人いるだろうか。

➕ 1．実験の手続き ➕

〈実験に必要なもの〉

- 「嘘つき」「正直な回答者」役を決めるためのくじ（「嘘」×1人分、「正直」×4人分）×グループ数分
- 番号札（1～5番）×グループ数分
- 発表テーマ（資料12-1）
- 記録用紙（資料12-2）×人数分
- 集計用紙（資料12-3）×人数分

〈全体の流れと実験手続き〉

【グループ分け】
　受講生（実験参加者）は教員（実験者）の指示に従って5人グループを作り、お互いの顔が見えるような配置で着席する。

【番号札と記録用紙の配付】
　受講生は番号札と記録用紙を1枚ずつ受け取る。番号札はグループのメンバーから見えるように着ける（実験中は個人名でなくこの番号で個人を特定するため）。

【教員からの教示（以下、教示）】
　「今日は、嘘を見抜く能力に関する実験を行います。これからグループごとに、みなさん自身について簡単に発表してもらいます。テーマはこちらで指定しますので、順番に、一言二言で簡単に発表してください。このとき、グループ内の誰

か1人には嘘の内容を発表してもらいます。嘘つき役はくじで決めます。全員が発表し終わったら、各自記録用紙に書かれた質問の答えを記入してもらいます。ここまでを1試行として、4試行行います。

　嘘つき役は、試行ごとにくじで決めます。嘘つき役になったら、ほかの誰にも自分が嘘つき役だと見抜かれないことを目標として、嘘の内容を発表してください。正直な回答者役になった人は、自分以外の誰かが嘘つき役となりますので、誰が嘘つき役か当てることを目標としてください。」

【第1試行：役割決め】
　各自、くじを引いて自分の役割を確認する。この時点で、グループのメンバーに自分の役割が知られてしまわないように注意すること。

【教示】
第1試行：発表の準備
　「第1試行のテーマは、『憧れたことのある職業（テーマは適宜決める。資料12-1参照）』です。『憧れたことのある職業は○○です。……（その理由、いつの話かなど）』というふうに、テーマと、回答およびその回答にまつわるエピソード（正直な内容または嘘の内容）を、メンバーの顔を見ながら発表してください。
　では、これから1分ほど時間を取りますので、発表内容を考えてください。」
　1分ほど時間が与えられるので、各自頭のなかで、どう発表するかを考える。

【教示】
第1試行：発表
　「発表の準備はできたでしょうか。それでは順番に発表をしてください。」
　順番に全員が発表する。発表順は、試行ごとに教員の指示に従う。

【教示】
第1試行：記録用紙への記入
　「まず、記録用紙の第1試行用の回答欄に、自分の役割をチェックしてください。その後、嘘つきと正直な回答者それぞれの役割に対応した質問に対する回答を記入してください。質問は記録用紙に書いてあります。他のメンバーに回答が見えないように気をつけてください。」
　各自、自分の役割と、役割に対応した質問（嘘つき役は2問、正直な回答者役は1問）に対する回答を記入する。

【第2～4試行】
　第1試行と同様に、役割決め、発表の準備、発表、記録用紙への記入を行う。

⇩

【実験終了】
　全試行が終わったところで、実験の終了が告げられる。
　集計用紙を1枚ずつ受け取り、グループ単位でデータの集計をする。

〈データの整理〉

　　この実験では、個人単位でなく実験を行ったグループ単位でローデータが得ら
　れる。従属変数は嘘つきを見抜いた正直な回答者の人数であり、推測値と実際値
　の2つがある。
　　第1試行を例に、ローデータの確認のしかたについて説明する。まず第1試行
　で嘘つきとなった実験参加者が名乗り出て、自分の記録用紙（資料12-2）に記入
　した第1試行の（1）欄と（2）欄の回答をメンバーに報告する。メンバーは全
　員、報告された数値を自分の集計用紙（資料12-3）第1試行の［1］欄と［2］
　欄に記入する。［1］は嘘つきの内的経験強度であり、［2］が嘘つきを見抜いた
　正直な回答者の推測値である。次に、第1試行で正直な回答者となった実験参加
　者が自分の記録用紙に記入した回答（A）を見て、嘘つきを当てることができた
　かどうかを確認する。グループのなかで嘘つきを当てることができた正直な回答
　者の人数をかぞえ、その数をメンバー全員が集計用紙の［3］欄に記入する。こ
　れが嘘つきを見抜いた正直な回答者の実際値である。第2～4試行についても、
　同様に集計する。
　　［1］、［2］、［3］それぞれの数値について、4試行分の平均値と標準偏差を
　計算して集計用紙に記入する。［2］、［3］の平均値は棒グラフにまとめる（「3.
　レポートの内容」のFigure 2を参照）。

2．テーマの解説：透明性錯覚とは？

　冒頭の例のような場合、たいてい実際には自分が思うほどには他人に本心を見抜かれて
いない。このように、思考や感情など、自分の内的経験が他者に知られている程度を過大
評価する傾向を、透明性錯覚と呼ぶ。あたかも行為者の内面と外界を隔てる膜のようなも

のが「透明」になったかのように、内面が他者に見抜かれていると感じてしまうという意味で、透明性という言葉が使われている。

　Gilovich et al.（1998）は、今回の実験とほぼ同じ手続きを用いてこの現象を示した。彼らはお互いに見知らぬ実験参加者を5人グループにして、1人ずつ壇上に立たせ、それぞれ異なる質問について発表させた。各試行の嘘つき役1人を「行為者」とし、正直な回答をした4人の実験参加者を「観察者」として、行為者には何人の観察者に自分が嘘つき役だと見抜かれているかを推測させた。この推測値が嘘つき役を見抜いた観察者数の実際値よりも大きい場合に、透明性錯覚が生じたとみなす。Gilovich et al.（1998, Study 1b）の結果は、実際値（27％）よりも推測値（50％）の方が大きく、透明性錯覚が生じていた。つまり、行為者は自分が嘘つき役であることが約半数の観察者に見抜かれていると推測していたが、実際には4人中1人程度にしか見抜かれていなかった。

　Gilovich et al.（1998）は、透明性錯覚が生じるしくみを、係留と調整のヒューリスティックで説明している。係留と調整のヒューリスティックとは、数量的なものに関する判断をするための、直感や経験に基づいた簡便な方法の1つである（Tversky & Kahneman, 1974）。たとえば直接会ったことのない、友人の恋人の年齢を推測する際、最初になんらかの情報（友人の年齢など）を基準（係留点）としてそれよりも高いか低いかを考え（「おそらく年上だろう」など）、次に係留点から調整して（「4つくらい年上だろうか」など）最終的な推測値を判断する。係留点が極端に高すぎる、または低すぎる値であったり、係留点からの調整が不十分であったりした場合は、最終的な推測値が係留点の方向に偏ったものになる。

　今回の実験にあてはめると、嘘をついているという内的経験の明白さの程度に関する判断が、係留と調整のヒューリスティックによってなされ、その結果が「自分が嘘つきだと何人に見抜かれたと思うか」という推測値に反映されているととらえられる。他者から見た自己像を推測する際、嘘をつくことによる緊張感や挙動不審になっているような気がするという自分の内的経験の明白さを基準（係留点）とする。内的経験は主観的には鮮明で強烈なものだが、他者からは内面に関する情報が自分と同程度に見えることはないだろうと、係留点から下げる方向へ調整を行う。しかしこの調整が不十分なため、自分自身が感じるほどではないにしても、他者にもそれなりに自分の内的経験の表れが見えるだろうと判断し、結果として他者に自分のことが知られている程度を過大評価してしまう。

　ここから考えると、内的経験が強ければそれだけ係留点が高くなるはずである。そして調整量は一定だとすれば、内的経験が強いほど透明性錯覚量は大きくなると予測できる。鎌田（2007）は、5つのカップに入った飲み物を順番に1人の行為者に飲ませ、その様子を10人の観察者に観察させた。5つのカップのうちどれか1つには「当たり」としてほかのカップの中身と味の異なる飲み物を入れておき、行為者には「当たり」カップを観察者に当てられないようにすべて無表情で飲むよう教示した。すべて飲んだ後、行為者には何人の観察者に「当たり」カップを当てられるかを推測させ、観察者には「当たり」カップ

がどれかを判断させた。「当たり」は内的経験（不味いという感覚）の強度が異なる玄米茶、酢入り緑茶、センブリ茶の３条件を設けていた。なお、センブリ茶とは、テレビ番組で罰ゲームに使われるほど苦くてまずいとされるお茶である。その結果、Figure 1に示す通り、どの条件でも実際値よりも推測値の方が大きかったが、実際値には条件間で差がなかったにもかかわらず、推測値は内的経験の強い（非常にまずいと感じる）センブリ茶を飲んだ条件がほかの２条件に比べて高く、透明性錯覚量が大きかった。内的経験が強い条件では係留点がより高いところに設定され、ほかの条件と同程度にしか調整がなされなかった結果、透明性錯覚量が大きくなったと考えられる。

Figure 1
飲み物の種類別にみた透明性の推測値と実際値（鎌田（2007）を改変）

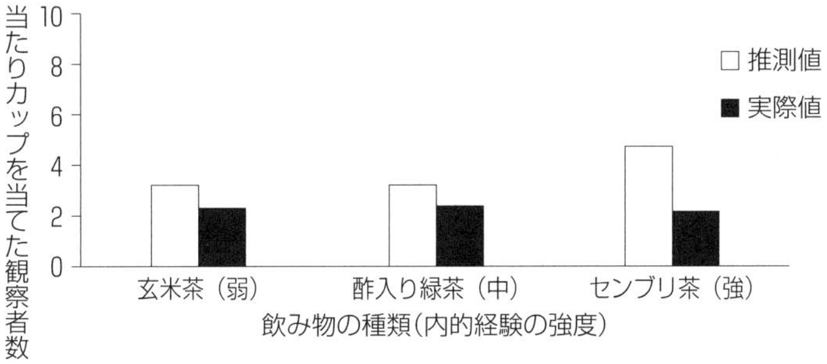

3. レポートの内容

問　題

・透明性錯覚について説明する。
・なぜ透明性錯覚が生じると考えられるかなど、先行研究を引用しながらさらに説明する。
・その上で、今回の実験では何を明らかにしようとしたのか、その目的と仮説を書く。

方　法

実験参加者
　　実験に参加した男女それぞれの人数と、全体の年齢の平均値、標準偏差を記載する。
実験計画
　　実験デザインは何か、また、独立変数と従属変数は何か、必要に応じて記載する。
実験日時と場所
　　実験日時と場所を記載する。
実験材料・課題
　　実験に用いた器具と課題（質問内容など）を記載する。

手続き

　どのような手続きで実験が行われたかを記載する。後でこれを読んだ人が同じ実験を行えるように、過不足なく記載する。その際、箇条書きにせず文章で記載すること。今回の実験の場合、以下の内容が必要である。

・グループ分けや席の配置はどのように行われたか。

・実験参加者はどのような教示を受け、何を行ったのか。役割によって異なる場合は、適宜それぞれの役割について記載する。

・実験はどのように進められたか。

結　果

・データ集計および分析はグループ単位で行った旨を記載し、分析対象となるグループ数を記載する。

・分析に用いるデータをどのように集計したかを記載する。集計用紙（資料12-3）や本章第1節にある「データの整理」の内容を参考にするとよい。

・嘘つきの内的経験強度（集計用紙［1］欄）の平均値と標準偏差を、本文中に記載する。

・Figure 2を作成する。タイトルやラベル、単位など必要な情報を入れること。また、何をFigure 2に示したのか説明も記載する。

・推測値と実際値のどちらの値が大きかったか、平均値と標準偏差も記載しながら説明する。

・統計的仮説検定を行った場合は、その結果も記載する。

Figure 2
透明性の推測値と実際値

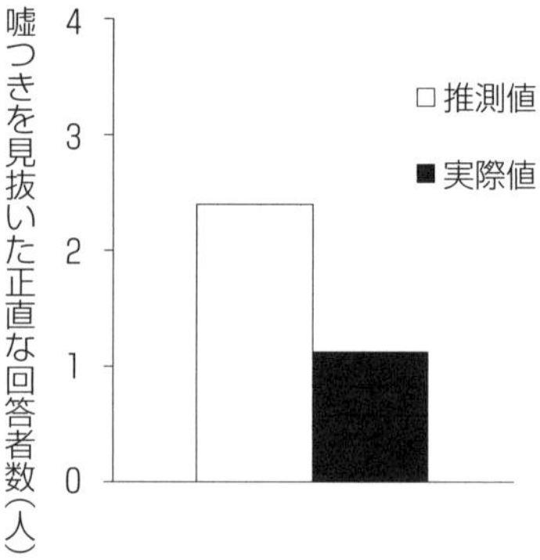

右図は架空の値による例である。人数でなく割合（％）で表してもよい。集計、分析やレポート執筆をする際に、単位の混在や間違いがないよう注意すること。単位が異なればグラフの目盛りも異なるはずである。

（嘘つきを見抜いた正直な回答者数（人）／□推測値／■実際値）

考　察

・今回の実験の目的と仮説を再度記載する。

・今回の実験で仮説は支持されたかどうか、透明性錯覚が見られたかどうかを書く。そして、なぜ透明性錯覚が見られた（または見られなかった）のか、嘘つきの内的経験強度の

結果、第２節の内容、引用文献などを参考にしながら、考えられることを記載する。

・その他、気づいたことや、実験の改善すべき点などを記載する。

引 用 文 献

Gilovich, T., Savitsky, K., & Medvec, V. H.（1998）. The illusion of transparency: Biased assessments of others' ability to read one's emotional states. *Journal of Personality and Social Psychology, 75*, 332-346. https://doi.org/10.1037/0022-3514.75.2.332

鎌田　晶子（2007）. 透明性の錯覚――日本人における錯覚の生起と係留の効果―― 実験社会心理学研究, *46*, 78-89. https://doi.org/10.2130/jjesp.46.78

Tversky, A., & Kahneman, D.（1974）. Judgment under uncertainty: Heuristics and biases. *Science, 185*, 1124-1131. https://doi.org/10.1126/science.185.4157.1124

───── トピック ─────

・２人組で実験を行う場合は、片方を行為者、他方を観察者として、行為者に４〜５つのテーマで発表させ、そのうち１回だけ嘘の内容を発表させるという手続きを１試行とする。

・推測値と実際値に対して、対応のある平均値差検定（分析単位となる１グループ内の変数なので、対応ありとみなす）を行うことができる。

資料12-1　発表テーマ（例）

・よく使うシャンプーのブランド　・したことのあるアルバイト
・行ったことのある海外の国　　　・もらったことのあるプレゼント
・会ったことのある有名人　　　　・憧れたことのある職業
・飼ったことのあるペット　　　　　　　　　　　……など

　自分で質問内容を作る場合は、正直な答えか嘘の答えかがはっきり分か
れるような質問になるよう注意すること。

資料12-2　記録用紙

グループ番号＿＿＿＿＿　グループの人数＿＿＿＿＿　ID番号＿＿＿＿＿

役割別の質問（試行ごとに、下の回答欄に記入すること）

【嘘つき役への質問】

（1）嘘をついている感覚（緊張感など）はどれくらいありましたか？（下の回答欄に
　　　1～7の値を記入する）

| まったくなかった |　1……2……3……4……5……6……7　| 強くあった |

（2）あなたが嘘つき役だと、グループ内の何人に見抜かれていると思いますか？

【正直な回答者役への質問】

（A）嘘つき役はID何番の人だと思いますか？

	第1試行	第2試行	第3試行	第4試行
自分の役割に チェック→→	□嘘つき □正直な回答者	□嘘つき □正直な回答者	□嘘つき □正直な回答者	□嘘つき □正直な回答者
嘘つき 回答欄　(1) 　　　　(2)				
	人	人	人	人
正直な回答者 回答欄（A）	番	番	番	番

グループ番号 _____　グループの人数 _____　ID番号 _____

	第1試行	第2試行	第3試行	第4試行	平均値	標準偏差
[1]嘘つきの 内的経験強度						
[2]推測値 （人）						
[3]実際値 （人）						

13 社会的ジレンマ

ビジネスなどで取引をする場面では、いかに自分たちの利益を増やしていくかが重要な目標である。自分たちの利益だけを考えて交渉することで取引相手よりも利益を得られるかもしれないが、もしお互いが同じように自分たちの利益だけを考えてふるまったときには結局どちらにも損になってしまう、という状況もあるだろう。このような状況を社会的ジレンマと呼ぶ（山岸, 1990, 2000）。また、取引をする場面では、いかに自分たちの利益を増やしていくかだけではなく、取引の相手が自分たちを裏切ることなく協力してくれるかを信頼していくことも相手との協力関係を続けていく上で重要であろう。

これまでに、社会的ジレンマについて検討するための課題が多く作られた。その代表的な課題のひとつが「囚人のジレンマ」という名称で知られるゲームである（Axelrod, 1984）。

1．実験の手続き

〈実験に必要なもの（1グループにつき）〉

・コイン40枚

・意思決定カード2枚（資料13-1）

・ルールの概要表2枚（資料13-2）

・記録表2枚（資料13-3）

〈全体の流れと実験手続き〉

【座席に着席】

受講生（すなわち、実験者、実験補助者、実験参加者1、実験参加者2）が教室に入室したら、受講生は教員の指示により4人グループを組む。4人グループで実験者1名、実験補助者1名、実験参加者2名を割り当てて、交代でつとめる。たとえば、A、B、C、Dの4人グループの場合、Aが実験者、Bが実験補助者となったら、CとDが実験参加者となって実験を行う。CとDへの実験が終わったら、Cが実験者、Dが実験補助者を担当し、AとBが実験参加者となって実験を行う（進

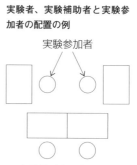

Figure 1
実験者、実験補助者と実験参加者の配置の例

行に問題がなければ、実験者が実験補助者を兼ねてもよい。この場合、残る1人はデータ整理を進めておく）。

　実験参加者は背中合わせに座り、互いの様子が見えないようにする。実験者と実験補助者は実験参加者とやりとりしやすい位置に着席する（Figure 1）。実験者は実験参加者に10枚のコインを元手として与える。実験補助者は記録表に記録の準備をする。

【実験材料の配付】
　各実験参加者に意思決定カード（資料13-1）とルールの概要（資料13-2）を1枚ずつ配付する。

─ **【実験者からの教示（以下、教示）】** ─
　「この実験では、他の実験参加者と2人1組でコインの取引を行います。取引で獲得したコインは実験終了時に換金されます。取引はくり返し行われます。ただし、相手の人とはいっさい話をせずに行ってください。」

─ **【教示】** ─
　「では、今から実験を始めます。『ルールの概要』を見てください。はじめに、手元のコインから自分が預けたい枚数を相手に預けることができます。1枚から10枚のうち、相手に預けたいコインの枚数を実験者に意思決定カードで伝えてください。ただし、相手の人とはいっさい話をせずに行ってください。」

【コインの分配】
　2人の実験参加者（実験参加者1、実験参加者2）は、意思決定カードを示して実験者に預けるコインの枚数を伝え、手元のコインを預ける。実験補助者はコインを受け取って枚数を記録し、預かったコインを実験参加者に渡す。実験参加者1と実験参加者2の手元には、相手の実験参加者から預かったコインと、元手のうち相手に預けないで残したコインがある状態になる。

─ **【教示】** ─
　「次に、相手から預かったコインについて、そのコインを『相手に戻す』か『自分のものにする』かの決定をしてください。」
　「もし相手から預かったコインを戻した場合、コインの枚数が2倍になって相手に渡されます。相手から預かったコインを戻さなかった場合には、そのままの

枚数を自分のものにすることができます。ここまでで1試行は終わりです。なお、利益として獲得したコインは、次回以降の取引にくり越すことはできません。」

【実験の実施】
　実験参加者1と実験参加者2は「相手に戻す」か「自分のものにする」かを決め、どちらにするかを意思決定カードで示して実験者に伝える。実験補助者はその決定を記録表に記録する。実験者はその決定をふまえ、実験参加者1と実験参加者2に戻ってくるコインの枚数を決定する。実験補助者は実験参加者1と実験参加者2が行った決定、実験参加者1と実験参加者2に戻ってくるコインの枚数、その試行での利益を記録する。戻ってくるコインの枚数を意思決定カード（資料13-1の下部）で実験参加者1と実験参加者2に伝え、コインを渡す。なお、実験参加者1と実験参加者2が各試行で得られる利益はTable 1の通りになる。

Table 1
1回の試行で得られる利益

相手に預けたコイン	相手から預かったコイン	
	戻す	戻さない
相手が戻す	預けずに手元に残したコイン＋預けた数×2＋0	預けずに手元に残したコイン＋預けた数×2＋預かった数
相手が戻さない	預けずに手元に残したコイン＋0＋0	預けずに手元に残したコイン＋0＋預かった数

また、1回の試行で得られる利益を式に示すと次の通りとなる。

　　1回の試行の利益＝手元に残したコイン
　　　　　　　　　　　＋（1－自分の協力）×預かったコイン
　　　　　　　　　　　＋（2×相手の協力）×預けたコイン

（「コイン」は1-10の数値、「協力」は戻したときに1、戻さなかったときに0とする。）

　ここまでが1試行である。コインを実験参加者1と実験参加者2に10枚ずつになるように戻して、以下同じ手続きを36試行分くり返す。
　36試行分終了し、記録表に記載・整理し終わったら、実験中の内観（実験中に感じたこと、気になったこと、どのような作戦あるいはルールを自分なりに立てて、預けるコインの数や相手に戻すかどうかを決定したか、など）を報告してもらい、このペアの実験は終了である。実験参加者、実験者と実験補助者の役割を入れ替えて同様に実験を行う。

【事後説明】

　ここで、教員から今回の実験の目的と「社会的ジレンマと信頼行動」について解説がある（次節を参照）。さらに、実験者の教示では換金されると説明していたが実際には換金されないことが説明される。

〈データの整理〉

- ・各グループから回収した記録表（2枚）を受講者の人数分コピーし、1人1枚ずつ配付する。個人の平均にくわえてペアの平均も用いることに注意する。
- ・実験参加者のペアが相手に預けたコインの枚数（1-10）を Microsoft Excel 等に入力する。これが信頼行動の大きさとなる。預けたコインの枚数が多いと相手を信頼していることになる。
- ・預かったコインを戻すかどうかの決定を Microsoft Excel 等に入力して整理する。これが協力行動の測定となり、「相手に戻す（1）」が協力、「相手に戻さない（0）」が非協力となる。ブロックごとに「相手に戻す（1）」と選択した比率（0-100%）を計算する。
- ・相手に預けたコインの枚数について、ブロックごとの平均値（6試行ずつの平均）と全試行の平均値を計算する。
- ・ブロックごとの比較：試行が進むごとに相手に預けたコインの枚数（信頼行動）と預かったコインを相手に戻すという決定（協力行動）がどう推移しているかを棒グラフと折れ線グラフにまとめる（「3．レポートの内容」の Figure 2 を参照）。余力がある場合は、6試行以外の試行数でブロックを分けてグラフを作成し、6試行で分けて作成したグラフと比べる。

2．テーマの解説：社会的ジレンマとは？

　この実験での取引では、相手にコインを多く預けるほど、相手が自分に戻してくれた場合の利益は大きくなる。ところが、相手がコインを戻してくれないとそれだけ損害も大きくなってしまう。相手がコインを戻してくれることを期待して、つまり信頼をして、コインを相手に預けて相手の決定に運命を委ねることは、その後の協力行動、つまりコインを戻してくれる決定と密接に関係しているであろう。

　また、各実験参加者にとっては、預かったコインを戻さないで自分のものとする決定（非協力行動）を選べば自分の利益を大きくできる。ただし、お互いにコインを戻した場合に

それぞれが得られる利得（相互協力による利得）は、お互いに戻さなかった場合に得る利得（相互非協力による利得）よりも大きいという構造となっている（松田・山岸, 2001）。このように、個々人のふるまいを考えれば協力しないことが得になるが、だからといってお互いに協力をしないと結局はお互いにとって損になってしまう。こうした状況のことを社会的ジレンマと呼ぶ。

このような社会的ジレンマ状況は、社会問題や日常生活でもみられている（Axelrod, 1998；山岸, 1990；山岸, 1999；山岸, 2000）。たとえば、環境問題に配慮した行動を取るか、ルールを守ってゴミ捨てをするか、などである。これらはいずれも協力しない、つまり、環境に配慮した行動をとらない、ルールを守らないでゴミを捨てることで一時的に自分は得をするかもしれない。ところが、みんなが同じような行動をとってしまうことで環境がより汚染され、みんなにとって損害となってしまうのである。

3. レポートの内容

問　題

・第2節を参照しながら、社会的ジレンマ、信頼行動についての説明を行う。
・また、社会的ジレンマ、信頼行動についての過去の研究も自分で探して紹介する。
・その上で、今回の実験では何を明らかにしようとするのか、すなわち、本実験の目的・仮説を記載する。

方　法

実験参加者

実験に参加した全体の人数、男女それぞれの人数と、全体の年齢の平均値、標準偏差を記載する。

実験計画

実験デザインは何か、また、独立変数と従属変数は何か、必要に応じて記載する。

実験日時と場所

実験日時と場所を記載する。

実験材料・課題

どのような実験材料や課題を用いたのか、過不足なく記載する。

手続き

どのような手続きで実験を行ったのかについて詳細かつ過不足なく記載する。この実験について全く知らない人が、この文章を読んだだけで全く同じように実験を行えるよう記載するのがコツである。今回の実験では、たとえば以下のような情報が必要となる。

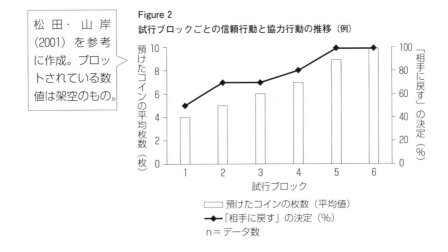

松田・山岸（2001）を参考に作成。プロットされている数値は架空のもの。

Figure 2
試行ブロックごとの信頼行動と協力行動の推移（例）

預けたコインの平均枚数（枚）

「相手に戻す」の決定（%）

試行ブロック

□ 預けたコインの枚数（平均値）
◆ 「相手に戻す」の決定（%）
n＝データ数

・独立変数と従属変数は何であるか。
・実験者は、課題の実施に際して実験参加者にどのような教示を行ったか。
・本課題はどのように行ったか（ルール、試行回数、回答の方法などについて）。
・各自の回答はどのように記録したか。
・実験参加者全員の回答はどのように記録したか。

結　果

・Figure 2に何を示したのかを記載する。
・Figure 2を作成するときは、独立変数（試行ブロック）や従属変数（相手に預けたコインの平均枚数や標準偏差（*SD*）、「相手に戻す」の選択率）、データの数など必要な情報を過不足なく記入するようにする。
・Figure 2を参照しながら、試行ブロックごとにどのような違いがみられたかを述べる。Figure 2を載せるだけで結果の節を終わらせるのは避けるようにする。必ずことばでどのような結果がみられたのかを説明する。

考　察

　本実験の目的を再び述べる。その上で、今回の実験では以下の点を考察する。
・少なくとも以下の2点について、第2節で引用した文献や実験参加者の内観報告などをもとに根拠をあげながら、自分の考えとして述べる。
　①協力行動と信頼行動はそれぞれどう推移しているか。具体的には、両方とも試行が進むごとに増えている、もしくは減っている、一方は増えているが一方は減っている、のうちどれと近いか。またこれらの変化がみられた場合に協力行動と信頼行動のどちらが先行しているか。これらについて、Figure 2から読み取れることがらについて述べ、

なぜそのような結果になったか、自分なりの考えを述べる。

②相手に預けたコインの36試行にわたる平均枚数を検討する。先行研究（松田・山岸,2001）では、通常の囚人のジレンマと同じ状況でゲームを行った条件において、預ける枚数をランダムに決めた場合の平均枚数は5.62枚だった。預けたコインの平均枚数はこの数字とくらべて大きいだろうか、あるいは小さいだろうか。比較した結果と、そのような結果になった理由について自分なりの見解を述べる。

・最近の社会問題や日常生活での体験のなかで、社会的ジレンマと考えられる現象にはどのようなものがあるだろうか。第2節で紹介した以外の現象について具体例をあげる。

・その他、実験の改善点、その他に検討するべき課題などを記載する。

引 用 文 献

Axelrod, R. (1984). *The evolution of cooperation*. Basic Books. (アクセルロッド, R. 松田 裕之 (訳) (1998). つきあい方の科学——バクテリアから国際関係まで—— Minerva21世紀ライブラリー ミネルヴァ書房)

松田 昌史・山岸 俊男 (2001). 信頼と協力——依存度選択型囚人のジレンマを用いた実験研究—— 心理学研究, *72*, 413-421. https://doi.org/10.4992/jjpsy.72.413

山岸 俊男 (1990). セレクション社会心理学 社会的ジレンマのしくみ——「自分1人ぐらいの心理」の招くもの—— サイエンス社

山岸 俊男 (1999). 安心社会から信頼社会へ——日本型システムの行方—— 中央公論新社

山岸 俊男 (2000). 社会的ジレンマ 「環境破壊」から「いじめ」まで PHP新書

トピック

・**さまざまな種類の囚人のジレンマゲーム**：ここでは、信頼行動と協力行動を測定できる依存度選択型囚人のジレンマゲーム（松田・山岸, 2001）を取り上げ、実験手続きを一部改変して実習として行った。

　従来型の囚人のジレンマゲームでは、犯罪で捕まった囚人が自白をするか黙秘をするかを選んで無罪か懲役刑になるかの取引をする、という社会的ジレンマ状況での協力行動・非協力行動を測定している。従来型の囚人のジレンマゲームにはバリエーションがあり、2人1組ではなくネットワークで行う場合（林, 1995）、くり返しをせず1回かぎりのゲームで検討する場合（渡邊・山岸, 1997）などがある。

・**統計的仮説検定による分析**：レポートでは、相手に預けるコインの枚数と協力率を集計してグラフにまとめる形でデータの整理を行った。松田・山岸 (2001) では、こうしたデータについて3つ以上の平均値の差を検定するための手法である分散分析を行って検討している。試行ブロックによって相手に預けるコインの平均枚数（信頼行動）や相手に戻す決定の比率（協力率）に違いがあるかを分析し、試行ブロックの主効果が有意であることを示している。さらにどのブロックに差があるかを多重

比較で検討し、預けるコインの平均枚数は依存度選択型囚人のジレンマゲームを始めて2番目のブロックから高水準に達するが、相手に戻す決定は最初のブロックから高い水準であることを見出している。余力のある場合は、試行ブロック間で統計的に有意な差があるかについても分散分析で検討してみよう。

引 用 文 献

林 直保子（1995）．繰返しのない囚人のジレンマの解決と信頼感の役割　心理学研究, *66*, 184-190. https://doi.org/10.4992/jjpsy.66.184

渡邊 席子・山岸 俊男（1997）．"フォールス・コンセンサス"が"フォールス（誤り）"でなくなるとき――1回限りの囚人のジレンマを用いた実験研究――　心理学研究, *67*, 421-428. https://doi.org/10.4992/jjpsy.67.421

資料13-1　意思決定カード

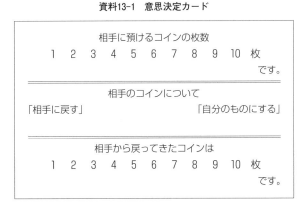

相手に預けるコインの枚数

1　2　3　4　5　6　7　8　9　10　枚

です。

相手のコインについて

「相手に戻す」　　　　　　　　　　「自分のものにする」

相手から戻ってきたコインは

1　2　3　4　5　6　7　8　9　10　枚

です。

資料13-2　依存度選択型囚人のジレンマゲームのルールの概要表

【ルール概要】

・他の実験参加者と2人1組でコインの取引を行います。

・取引で獲得したコインは実験終了時に換金されます。

・取引はくり返し行われます。

・相手の人とはいっさい話をせずに行ってください。

１．手元のコインから自分が預けたい枚数を相手に預けます（1枚から10枚）。

→相手に預けたいコインの枚数を意思決定カードで伝えてください。

２．相手から預かったコインを戻すかどうか決定します。

→「相手に戻す」か「自分のものにする」か意思決定カードで伝えてください。

「相手に戻す」：コインの枚数が2倍になって相手に渡ります。

「自分のものにする」：そのままの枚数が自分のものになります。

★利益として獲得したコインは、次回以降の取引にはくり越せません。

資料13-3　依存度選択型囚人のジレンマゲームをするための記録表

| 試行 | 実験参加者1（　　才　男性・女性） | | 実験参加者2（　　才　男性・女性） | | ブロック別 | |
	預けたコイン数 （1-10枚）	決定の内容	預けたコイン数 （1-10枚）	決定の内容	預けた コインの 平均枚数	協力率の 平均値
1		（戻す・自分のもの）		（戻す・自分のもの）	参加者1	参加者1
2		（戻す・自分のもの）		（戻す・自分のもの）		
3		（戻す・自分のもの）		（戻す・自分のもの）	参加者2	参加者2
4		（戻す・自分のもの）		（戻す・自分のもの）		
5		（戻す・自分のもの）		（戻す・自分のもの）	ペア	ペア
6		（戻す・自分のもの）		（戻す・自分のもの）		
7		（戻す・自分のもの）		（戻す・自分のもの）	参加者1	参加者1
8		（戻す・自分のもの）		（戻す・自分のもの）		
9		（戻す・自分のもの）		（戻す・自分のもの）	参加者2	参加者2
10		（戻す・自分のもの）		（戻す・自分のもの）		
11		（戻す・自分のもの）		（戻す・自分のもの）	ペア	ペア
12		（戻す・自分のもの）		（戻す・自分のもの）		
13		（戻す・自分のもの）		（戻す・自分のもの）	参加者1	参加者1
14		（戻す・自分のもの）		（戻す・自分のもの）		
15		（戻す・自分のもの）		（戻す・自分のもの）	参加者2	参加者2
16		（戻す・自分のもの）		（戻す・自分のもの）		
17		（戻す・自分のもの）		（戻す・自分のもの）	ペア	ペア
18		（戻す・自分のもの）		（戻す・自分のもの）		
19		（戻す・自分のもの）		（戻す・自分のもの）	参加者1	参加者1
20		（戻す・自分のもの）		（戻す・自分のもの）		
21		（戻す・自分のもの）		（戻す・自分のもの）	参加者2	参加者2
22		（戻す・自分のもの）		（戻す・自分のもの）		
23		（戻す・自分のもの）		（戻す・自分のもの）	ペア	ペア
24		（戻す・自分のもの）		（戻す・自分のもの）		
25		（戻す・自分のもの）		（戻す・自分のもの）	参加者1	参加者1
26		（戻す・自分のもの）		（戻す・自分のもの）		
27		（戻す・自分のもの）		（戻す・自分のもの）	参加者2	参加者2
28		（戻す・自分のもの）		（戻す・自分のもの）		
29		（戻す・自分のもの）		（戻す・自分のもの）	ペア	ペア
30		（戻す・自分のもの）		（戻す・自分のもの）		
31		（戻す・自分のもの）		（戻す・自分のもの）	参加者1	参加者1
32		（戻す・自分のもの）		（戻す・自分のもの）		
33		（戻す・自分のもの）		（戻す・自分のもの）	参加者2	参加者2
34		（戻す・自分のもの）		（戻す・自分のもの）		
35		（戻す・自分のもの）		（戻す・自分のもの）	ペア	ペア
36		（戻す・自分のもの）		（戻す・自分のもの）		
平均値					ペア	ペア

注）2人の実験参加者における試行ごとに預けたコインの枚数，決定を記録する。「ブロック別」では，預けたコインの枚数と協力率の平均値についてブロック別に個人およびペアを込みにした平均値を求める。

謝辞）本原稿の作成において、NTTコミュニケーション科学基礎研究所の松田昌史先生より貴重なご意見をいただきました。記してお礼申し上げます。

 # 14 社会的促進と社会的抑制

　あるところに、宿題をやるのにいつも時間がかかっている子がいた。この子が、あるとき友だちと一緒に学校の図書館で宿題をやったら、不思議なことにこの日の宿題はとてもはかどり、あっという間に終わってしまった。

　またあるところに、平泳ぎを得意としている子がいた。この子が、あるときみんなが見ているところでタイムトライアルをしたら、不思議なことにいつもの調子が出ず、自己ベストを大きく下回ってしまった。

✚ 1. 実験の手続き ✚

〈実験に必要なもの〉

・ストップウォッチ×人数分
・社会的促進・社会的抑制を測定するための課題（資料14-1；坂田（1993）をもとに作成）
・結果を記録するための記録用紙（資料14-2）

〈全体の流れと実験手続き〉

【実験の解説】
　教員から本実験の目的と「社会的促進・社会的抑制」について解説がある（「社会的促進・社会的抑制」の詳説は次節を参照）。

【座席への着席】
　受講生（すなわち実験参加者）が教室に入室したら、実験参加者は教員の指示により指定された座席に着席する。
　教員は、「2人ずつのペアで着席（「共行為」水準）×2ブロック＋1人で着席（「単独」水準）×2ブロック＝計4ブロック」を設け、実験参加者は4つの着席ブロックのいずれかに割り振られ着席する。各着席ブロックの実験参加者の人数は、ほぼ同数になるよう配慮される。

【ストップウォッチの配付】
　1人に1個のストップウォッチが配付される。

⬇

【教員からの教示（以下、教示）】
　「今日は、はじめに今から配付する課題を行ってもらいます。この課題では、できるかぎり速く正確にすべての問題を解いて良い成績をあげるようにしてください。ただし、他の人とはいっさい話をせずに行ってください。」
　「課題には、難しい課題（「難課題」）と易しい課題（「易課題」）があります。『難課題』では、『呈示されたアルファベット－3』のアルファベットに変換をしてもらいます（たとえば、呈示されたアルファベットが「E」であれば変換後のアルファベットは「B」に、呈示されたアルファベットが「A」であれば変換後のアルファベットは「X」になる）。『易課題』では、『呈示されたアルファベット＋1』のアルファベットに変換をしてもらいます（たとえば、呈示されたアルファベットが「A」であれば変換後のアルファベットはBになる）。本実験では、難課題、易課題のどちらかの課題に取り組んでもらいます。4つの着席ブロックのうち、『共行為』の1つと『単独』の1つ計2つの着席ブロックの人には『難課題』に、それ以外の計2つの着席ブロックの人には『易課題』に取り組んでもらいます。」

⬇

【課題の割り当て】
　実験参加者に、難課題、易課題のどちらかを割り当てる。

⬇

【実験計画の説明】
　本実験では、実験参加者は「他者存在の有無」により共行為水準、単独水準のどちらかに割り振られ、さらに各水準の実験参加者には、難課題、易課題のどちらかが水準内でほぼ同数になるように割り当てられると教員から説明がある。
　共行為水準では他の実験参加者と隣同士で、単独水準では1人で課題を行う。
　本実験では、「共行為・難課題」、「共行為・易課題」、「単独・難課題」、「単独・易課題」の4つの実験条件が、既述の「4つの着席ブロック」に相当することになる。

⬇

【教示】

「本課題を行う前に練習課題を行ってもらいますので、今から練習課題が記載された用紙（資料14-1参照）を配付しますが、合図があるまでは伏せておいてください。練習課題、本課題それぞれに難課題と易課題があり、やり方は今説明した通りです。」

⬇

【練習課題の配付】

⬇

【教示】

「それでは用紙を表にして、練習課題を行ってください。」

（全員が練習課題を終え、やり方を理解したか確認がなされる。）

⬇

【教示】

「では次に本課題が記載された用紙（資料14-1参照）を配付しますが、これも合図があるまでは伏せておいてください。できるかぎり速く正確にすべての問題を解いて良い成績をあげるようにしてください。ただし、他の人とはいっさい話をせずに行ってください。また、課題を終えるまでにかかった時間を、各自ストップウォッチで計測してください。課題が終わったら、計測した時間（回答時間）を用紙右下の四角枠のなかに記載してください。」

⬇

【本課題の配付、実施】

⬇

【記録用紙の配付】

本課題が終了し、回答時間も記載し終わったら、記録用紙（資料14-2参照）が4つの着席ブロックに1枚ずつ配付されるので、各自の所要時間を記録用紙に順番に記入していく。

〈データの整理〉

・4つの着席ブロックから回収された記録用紙が、実験参加者の人数分コピーされ配付される。

・4つの実験条件ごとに、回答時間の平均値と標準偏差（*SD*）を求め、表を作成する（「3. レポートの内容」の Table 1を参照）。本実験では、この回答時間の平均値が従属変数（「社会的促進・社会的抑制」の指標）となる。

2. テーマの解説：社会的促進・社会的抑制とは？

本章の冒頭でも述べたが、1人で課題を行うよりも誰かと一緒に課題を行ったり、課題をしているところを誰かに見られているときの方がはかどった、という経験をしたことがあるだろう。友人と一緒に走っていたらタイムが伸びたとか、リハーサル時よりも観衆のいる本番の方が演奏に熱が入ってうまくいった、といったことは容易に想像がつく。このような、他者の存在によって個人の課題遂行や成績が上昇する現象のことを「社会的促進」という。この社会的促進は、課題の行為者と相互作用することなしに共に課題を行う共行為者の存在や、課題の行為者を単に見ている観察者の存在などによって生じるといわれている。

しかし、これとは反対の現象もよく目にする。たとえば、いつも考えていることを会議の場ではうまく伝えることができなかったとか、皆の前で発表する番がまわってきたら頭の中が真っ白になってしまった、といったこともありがちである。このような、他者の存在によって個人の課題遂行が妨害されたり成績が低下する現象のことを「社会的抑制」という。

このように、行為者の傍に同じように共行為者や観察者がいる場合でも、あるときは課題遂行や成績が上昇し、またあるときは低下する。

Zajonc（1965）や Zajonc & Sales（1966）によると、行為者の傍に他者が単に存在するだけで行為者の覚醒レベルは高まる（つまり、成績の良し悪しを規定する行為者の内的な準備状態が高まる）という。このときに、これまで十分に学習してきたような習熟した課題に対しては、他者の単なる存在が促進的な影響を及ぼすため成績が上昇するが、習熟していない課題に対しては、これとは反対に抑制的に影響を及ぼし成績が低下すると考えられている。すなわち、Zajonc（1965）や Zajonc & Sales（1966）の主張は、行為者の傍に他者が単に存在するか否かが課題成績を左右するというものである。このことから、Zajonc（1965）や Zajonc & Sales（1966）の主張は「他者の単なる存在仮説」として知られている。

また、Cottrell（1972）は、課題成績を左右するのは他者が単に存在するか否かではなく、行為者に向けられる他者からの評価に対する行為者自身の「評価懸念」が課題成績に大きく関係するとしている。このほかにも、自己客体視や自己呈示理論からの説明もみられる。

3. レポートの内容

問　題

・社会的促進・社会的抑制についての説明を行う。
・また、過去の社会的促進・社会的抑制に関する研究も紹介する。

・その上で、今回の実験では具体的に何を明らかにしようとするのか、すなわち、本実験の目的・仮説を記載する。

方　法

実験参加者

実験に参加した男女それぞれの人数と、全体の年齢の平均値、標準偏差を記載する。

実験計画

実験計画、独立変数、従属変数について記載する。

実験日時と場所

実験日時と場所を記載する。

実験器具・課題

実験ではどのような器具や課題を用いたのか、過不足なく記載する。

手続き

どのような手続きで実験が行われたのか、詳細かつ過不足なく記載する。実験に参加していない人がこれを読んだときに、同じ実験ができるかどうかに留意しながら記載する。今回の実験では、たとえば以下のような記述が必要となる。

・実験参加者は、他者存在の有無と課題の難易度によりいくつの条件に割り振られたか。
・共行為水準、単独水準の実験参加者は、それぞれどのように着席して課題に取り組んだか。
・課題の難易度はどのように操作されたか。
・実験参加者は教員より、課題に取り組む際にどのような教示を受けたか。
・練習課題は何試行だったか。
・本課題はどのように行ったか（制限時間の有無、時間の計測方法などについて）。
・各自の回答時間はどのように記録したか。
・実験参加者全員の回答時間はどのように記録したか。

結　果

・Table 1に何を示したのかを記載する。
・Table 1を作成するときは、独立変数（実験条件）や従属変数（回答時間）の平均値や標準

Table 1
回答時間の平均値と標準偏差

	難課題		易課題	
	共行為（$n=$○）	単独（$n=$○）	共行為（$n=$○）	単独（$n=$○）
回答時間 （単位：秒）	（　　　）	（　　　）	（　　　）	（　　　）

偏差（*SD*）、データの数など必要な情報を過不足なく記入するようにする。

・Table 1を参照しながら、実験条件ごとにどのような違いがみられたかを記載する。

考　察

・本実験の目的・仮説を再び記載する。その上で、今回の実験では、少なくとも以下の３点につき、異なっていた（あるいは、異なっていなかった）ならば、どうしてそのような結果になったのか、第２節で引用した文献などを根拠にあげながら、自分の考えとして述べる。

①課題の難易度によって、回答時間は異なっていたか？

②他者存在の有無によって、回答時間は異なっていたか？

③課題の難易度によって、他者存在の有無の効果は異なっていたか？

・結果的に、仮説は支持されたかどうかを記載する。

・その他、考えられること、改善点、課題（反省点）などを記載する。

引　用　文　献

Cottrell, N. B.（1972）. Social facilitation. In C. G. McClintock（Ed.）, *Experimental social psychology*（pp. 185-236）. Holt, Rinehart & Winston.

坂田 桐子（1993）. 社会的促進　利島 保・生和 秀敏（編）心理学のための実験マニュアル──入門から基礎・発展へ──（pp. 224-225）　北大路書房

Zajonc, R. B.（1965）. Social facilitation: A solution is suggested for an old unresolved social psychological problem.. *Science, 149*, 269-274.　https://doi.org/10.1126/science.149.3681.269

Zajonc, R. B., & Sales, S. M.（1966）. Social facilitation of dominant and subordinate responses. *Journal of Experimental Social Psychology, 2*, 160-168.　https://doi.org/10.1016/0022-1031(66)90077-1

── トピック ──

・本実験では、「実験計画の説明」を実験終了後に行っても差し支えない。

・本課題の難易度は、授業の進め方などに応じて自由に設定可能である。

・本課題の回答を難易度別に用意しておき配付してもよい。

・難課題、易課題とも試行数を増やすことが可能であるが、その場合アルファベットの並び順を工夫するなどバリエーションを設けておくことが必要となる。

・本実験の結果を分散分析を用いて検討することも可能である。その場合、独立変数と実験参加者の配置の仕方を再確認の上、どのような実験計画に基づく分散分析を行ったらよいか整理してから実施するようにする。

資料14-1　社会的促進・社会的抑制を測定するための課題

〈練習課題〉

A　→（変換）　□
X　→　□
O　→　□
Z　→　□
P　→　□

〈本課題〉

Q　→（変換）　□　実
M　→　□　施
W　→　□　の
N　→　□　順
E　→　□　番
B　→　□　①
R　→　□
V　→　□　↓
T　→　□
C　→　□

Y　→　□　実
S　→　□　施
L　→　□　の
K　→　□　順
D　→　□　番
F　→　□　②
J　→　□
H　→　□　↓
G　→　□
U　→　□

回答時間　→　□　秒

実験条件：

実験参加者 No.	回答時間(秒)
1	
2	
3	
4	
5	
6	
7	
8	
9	
10	
11	
12	
13	
14	
15	
16	
17	
18	
19	
20	
21	
22	
23	
24	
25	

 **15 同 調**

　友だちとおしゃべりをしていたAさん。気づくともうお昼。今日はカレーにしようかと思っ
たちょうどそのとき、Bさんが「おなかが減ってきたしラーメンでも食べに行かない？」と言い
出した。すぐあとにCさんも「いいね、ラーメン」と返事。Dさんも、「どこのラーメン屋にする？」
と言い出した。Aさんは、カレーという言葉を飲み込み、「ラーメン、いいねー。○○屋にしよ
うか」と言った。

✚　**1．実験の手続き**　✚

〈実験に必要なもの〉

・ビー玉入りの瓶（もしくは重さが多くの人にとってわかりにくいもの。トピック参照。）
・個人の判断値を記録する用紙（資料15-1）×人数分
・小グループ内での集計用の用紙（資料15-2）×人数分
・筆記用具
・ストップウォッチ

〈全体の流れ〉

【記録用紙の配付およびグループ分け】
　小グループ（3～4人）にグループ分けをする。

【移動】
　小グループごとに順番に別室に移動する（前のグループが戻りしだい、次のグループが移動）。

【実験】
　小グループごとに実験を実施する。

〈実験手続き〉

【実験参加者が教室に入る】

⇩

━ 【教員からの教示（以下、教示）】 ━

「それでは実験を始めます。これから、ビー玉の入っている瓶を持ってもらい、ビー玉の重さの判断をしてもらいます。制限時間は5秒間です。持ち方は自由です。よく考えて、できるだけ正確に瓶に入っているビー玉の重さを判断してください。なお、単位はグラムです。まわりの人とは話をしないで、判断してください。」

⇩

【第一試行】

順番に持ってもらう（その際、時間が計測され5秒後に合図がなされる）。これが人数分くり返される。

⇩

【記録用紙への記入】

各自記録用紙に判断した重さ（判断値）を記入する。

⇩

━ 【教示】 ━

「再度、ビー玉の入っている瓶を持ってもらい、ビー玉の重さの判断をしてもらいます。制限時間は5秒間です。持ち方は自由です。よく考えて、できるだけ正確に瓶に入っているビー玉の重さを判断してください。」

⇩

【第二試行】

再度、順番に持ってもらう。人数分くり返す。

⇩

【記録用紙への記入】

各自記録用紙に判断した重さ（判断値）を記入する。

⇩

【判断値の報告】

実験者（教員）の指示に従い、実験参加者は順に判断値を読み上げて実験者に報告する。実験者は報告された数値を復唱しながら黒板に記載する。その後、消す。

⇩

「再度、ビー玉の入っている瓶を持ってもらい、ビー玉の重さの判断をしてもらいます。制限時間は5秒間です。持ち方は自由です。よく考えて、できるだけ正確に瓶に入っているビー玉の重さを判断してください。」

↓

【第三試行】
再度、順番に持ってもらう。人数分くり返す。

↓

【記録用紙への記入】
各自記録用紙に判断した重さ（判断値）を記入する。

↓

【判断値の報告】
実験者の指示に従い、順に判断値を読み上げて報告する。実験者は黒板に復唱しながら記載する。その後、消す。

↓

【教示】
「再度、ビー玉の入っている瓶を持ってもらい、ビー玉の重さの判断をしてもらいます。制限時間は5秒間です。持ち方は自由です。よく考えて、できるだけ正確に瓶に入っているビー玉の重さを判断してください。」

↓

【第四試行】
再度、順番に持ってもらう。人数分くり返す。

↓

【記録用紙への記入】
各自記録用紙に判断した重さ（判断値）を記入する。

↓

【実験終了の説明】
実験が終わりであることが伝えられる。

↓

【教室に戻る】

〈データの整理〉

・小グループ内で各自の記録用紙を交換し、集計用の用紙（資料15-2）に記入し、数値の共有を行う。その後、図を作成する（「2．テーマの解説」のFigure 2を参照）。
・また、小グループ内の判断値の標準偏差を算出し、集計用の用紙に記入する。

2．テーマの解説：同調とは？

　冒頭の例のように、意識的もしくは無意識的に、自分の行動をまわりの人に合わせてしまったことはないだろうか。または、学内で何かの説明会が開催される際、場所をよく覚えていないときに、他の学生がぞろぞろ向かっていく方向についていってしまったことはないだろうか。このようなときに生じているプロセスを同調という。

　同調とは社会的影響の1つである。社会的影響とは人びとの信念、態度、行動が、他者の存在やコミュニケーションによって影響されるプロセスのことである。そこには、社会的促進、社会的抑制、説得、同調などが含まれる。社会的促進とは、まわりに同じ課題を行う人がいる場合、個人のパフォーマンスが上昇することであり、社会的抑制とは、その逆に、パフォーマンスが低下することである（これらについては、第14章も参照）。説得とは、相手の考えや態度、そして行動などを変化させることを目的とした行為である。

　そして、同調は、集団や他者の設定する標準ないし期待に沿って行動することである。先の例のように、日常生活でもよく見かけるものといえる。この同調についての有名な実験として、Asch（1951）の線分の長さ判断の実験と、Sherif（1935）の知覚の自動運動を利用した実験があげられる。

　Asch（1951）の実験は、ある線分（Aの線分）と同じ長さの線分を3つの線分（Bの線分）から選択するという課題を用いている（Figure 1を参照）。個人判断では、まず間違いなく同じ長さの線分を選択した。しかし、7人のサクラを準備して8人が一組になり、サクラが間違った回答を行った場面では、多くの実験参加者がサクラが回答した線分（つまり、間違いの線分）を選択した。

　Sherif（1935）の実験は、知覚の自動運動を利用した課題を用いている。知覚の自動運動とは、暗室内で光点を凝視していると、光点は実際には静止しているにもかかわらず動いているように見える運動のことである。この光点がどのくらい動いているか、まず、1人

Figure 1
用いられた実験刺激の例

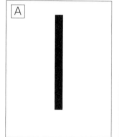
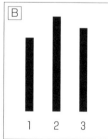

で暗室に入り光点の移動距離を報告
した後に、3人一組で暗室に入り移
動距離の報告を求めた。すると、そ
れぞれが報告した移動距離がしだい
に収斂していくことが確認された
（Figure 2を参照）。

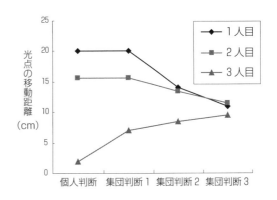

Figure 2
自動運動現象を用いた同調実験の例

　Deutsch & Gerard（1955）による
と、同調の背景には2つの影響力が
存在する。1つは規範的影響であり、
Asch（1951）の実験においてとくに
生じている影響力といえる。これは、
誤りであることが明白であるにもかかわらず、多数派の意見を受け入れてしまうような場
合に生じる。そして、他者や集団からの期待を考慮して、他者からの賞賛を得たり罰を避
けるために、周囲にあわせてしまうことになる。もう1つは情報的影響であり、Sherif（1935）
の実験においてとくに生じている影響力といえる。これは、あいまい性が高くて主観で回
答が左右されるような場合に生じる。そして、正解を見つけたり適切な判断や行動を行う
ために、他者の判断や意見を参考にして周囲にあわせてしまうことになる。これらの影響
力は、どちらかだけが生じるというのではなく、両方生じていることが多く、その場面や
事象によってどちらの影響が強く生じるかが異なっている。

3．レポートの内容

問題と目的

・社会的影響と同調についての説明を行う。

・Asch（1951）やSherif（1935）などの、同調に関連する先行研究を引用し、より詳しく同
　調についての説明を行う。その際、Deutsch & Gerard（1955）の2つの影響についても
　対応させながら説明を行う。

・その上で、今回の実験では何を明らかにしようとしたのか、その目的について記述する。

方　法

実験参加者

> 小グループ内のデータについて、資料15-2をもとに算出する。

　実験に参加した人数（および男女それぞれの人数）と、年齢の平均値と標準偏差を記載する。

実験日時と場所

実験日時と場所を記載する。

実験器具

用いたものを記載する。

手続き

どのような手続きで実験が行われたか、以下の内容を中心に詳細に記載する。後でこれを読んだ人が、同じ実験を行えるように詳しく記載する。その際、箇条書きにせず文章で記載すること。

・グループ分けや移動はどうであったか。

・どのような教示を受け、何を行ったのか。

・実験の流れはどのように進められたか。

結　果

・まず、人数分の判断値を反映した Figure 3 を作成し掲載する。グラフには、ラベル名や数値など必要な情報を適宜入れる。そして、何を Figure 3 に示したかを書く。つまり、グラフの説明を行う。

・次に、試行回ごとの小グループの標準偏差の値を文章で記載する（例：第 1 回目の $SD=$○.○○、第 2 回目の……）。

・統計的仮説検定を行った場合は、その結果を書く。

Figure 3
各回の判断値

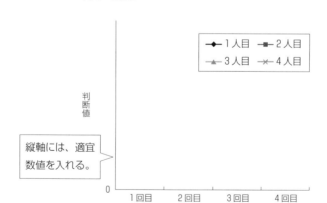

考　察

・本実験の目的を再掲する。

・そして、Figure 3 と標準偏差から、同調が確認されたか否かを書く。

・同調が確認された場合は、なぜ同調が確認されたのか、同調が確認されなかった場合は、なぜ同調が確認されなかったのか、第2節を参考にしながら、考えられることを記載する。

・その他、実験の改善案、気づいたことなどを書く。改善案を記述する際には、単に案を述べるだけではなく、なぜそのようにしたらよいのか、理由までしっかりと記載すること。

引 用 文 献

Asch, S. E.（1951）. Effects of group pressure upon the modification and distortion of judgments. In H. Guetzkow（Ed.）, *Groups, leadership, and men*（pp. 177-190）. Carnegie Press.

Deutsch, M., & Gerard, H. B.（1955）. A study of normative and informational social influences upon individual judgment. *Journal of Abnormal Psychology, 51,* 629-636.　https://doi.org/10.1037/h0046408

Sherif, M.（1935）. A study of some social factors in perception. *Archives of Psychology, 27,* 1-60.

───── **トピック** ─────

・実験が終わったグループに対しては、教室に戻った際に、まだ実験に参加していない人に対して実験内容を話さないように徹底する。また、他の人に記入済みの数値を見せたり、数値を変更したりしないことも伝える。

・グループごとの判断値の標準偏差を算出し、それを変数として分析に使用することができる。たとえば、グループをケースとみなし、試行回を独立変数、グループの標準偏差を従属変数とした対応のある分散分析を行うことによって、全体として、ちらばりが小さくなったかそうでないか、統計的仮説検定を行うことが可能である。

・実験刺激は、身近なもので準備可能である。たとえば、ペットボトル数本に適当な量の水を入れ、紙袋のなかに見えないように入れる。そして、それを持たせて重さを推測させる、などのアレンジが可能である。

資料15-1　個人の判断値を記録する用紙

記録用紙

小グループ番号：

学籍番号：　　　　　　　　　　　　　氏名：

年齢：　　　　　　　　　　　　　　　性別：　男性・女性

第1回判断値（　　　　）　　　　　　第2回判断値（　　　　）

第3回判断値（　　　　）　　　　　　第4回判断値（　　　　）

資料15-2　小グループ内での集計用の用紙

	グループ

id	age	sex	1回目	2回目	3回目	4回目
1						
2						
3						
4						
SD						
平均値						

注）実験に関する記述の一部は、東京未来大学こども心理学部「心理学基礎実験」において使用した教材を、共に担当した磯友輝子の許可を得て転載した。

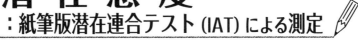

潜在態度
：紙筆版潜在連合テスト (IAT) による測定

　私たちは、自分自身についてどのくらい自覚し意識的にコントロールできているのであろうか。「なんとなく選んだ」「つい食べてしまった」など、その行動の原因や意図を自分自身でわかっていない場面も多い。このように、私たちの態度や行動には、自分自身で意識できない部分（潜在態度）が存在する。近年、潜在態度が人の考えや行動に与える影響について研究が進められており、その測定方法の1つが潜在連合テスト（Implicit Association Test: IAT）である。

✛ 1．実験の手続き ✛

〈実験に必要なもの〉

・ストップウォッチ×人数の半数
・「カテゴリー化課題」（資料16-1〈Web〉🌐）×人数分
　（今回は「ジェンダーステレオタイプ」とする。）
・フェイスシート×人数分
　（カテゴリー化課題のテーマに合わせ、性別や好きな教科についての回答欄を設けると、顕在態度と潜在態度の比較を行うことも可能である。トピック参照。）

〈全体の流れ〉

【実験手続きの説明・カテゴリー化課題の配付】
　受講生に紙筆版 IAT の質問紙「カテゴリー化課題」を1冊配付し、はじめに教員からカテゴリー化課題について説明を行う。カテゴリー化課題（練習用）を用いて、実施方法について理解させる。

⇩

【ペアによる着席】
　実験は2人1組で実施できるよう、受講生はペアになり着席する。

⇩

【ストップウォッチの配付】
　各ペアにストップウォッチを１つ配付する。

⇩

【カテゴリー化課題の実施】
　質問紙を読み上げながら、カテゴリー化課題を実施する。
　１人が終わったら、役割を交代して（実験参加者は実験者に、実験者は実験参加者に）カテゴリー化課題を実施する。

⇩

【採点方法の説明・実施と記録用紙への記入】
　実験者としてとったデータの採点を行い、記録用紙に記入する。

⇩

【課題の解説とレポートの説明】
　IATと「カテゴリー化課題」の構成について説明する。

〈実験手続き〉

━【教員からの教示】━
カテゴリー化課題の説明
　「これから、『カテゴリー化課題』という冊子を使って、単語の分類課題を行います。はじめにやり方を説明します。冊子の『練習用』を見てください。」（資料16-1参照）

⇩

━【教員からの教示】━
　「では、これから２人１組になって実施します。実験者役の人は冊子を読み上げながら、進めてください。実験参加者役の人は、実験者の指示に従って分類課題を行います。終わったら、役割を交代して実施してください。」

⇩

━【実験者の教示】━
カテゴリー化課題の実践
　「それでは、これから『カテゴリー化課題』を始めます。」
　「最初は２つのカテゴリーの分類課題です。制限時間は20秒です。『用意―始め』の合図で分類を始め、『終わり』という合図でやめてください。」（ブロック１、２、５共通。第２節第３項を参照。）
　「次は、４つのカテゴリーの組み合わせ課題です。制限時間は20秒です。『用

意―始め』の合図で分類を始め、『終わり』という合図でやめてください。」（ブロック3、4、6、7共通。第2節第3項を参照。）

⬇

―【実験者の教示】―
「では、ページをめくってください。」
「用意―始め。」
（20秒測定する。）
「終わり。」

⬇

―【実験者の教示】―
「これで、分類課題は終わりです。最後にフェイスシートに回答してください。」
（回答が終わったら回収する。）

〈データの整理〉

（1）分析の準備
・分析で使用するのは、「カテゴリー化課題」のブロック4とブロック7の「組み合わせ課題」（本番）である。まず、組み合わせ課題のどちらが一致課題または不一致課題かを確認する。本課題では、男性と理系（女性と文系）のステレオタイプを検討するために、一致課題を「男性理系・女性文系」、不一致課題を「男性文系・女性理系」とする。
・実験者として実施した「カテゴリー化課題」について、一致課題と不一致課題の「総チェック数」「誤答数」「正答数」をカウントし記録する（資料16-2参照）。
・他に、フェイスシートや質問項目などについても回答を記録する。
・実験参加者全員のデータを分析の対象とするために、データをひとつにまとめる。
・誤答率を算出し、誤答率が20％を超えるものを除外する（cf. 岡部他, 2004）。
（2）分析
・一致課題と不一致課題それぞれの正答数について、平均値と標準偏差を算出する。
・一致課題と不一致課題のどちらの連合が有意に強いのかを確認する。
・潜在的な連合の強さの指標として IAT 量（「一致課題の正答数」―「不一致課題の正答数」）を算出する。
・フェイスシートの項目でグループ分けを行い（たとえば性別や好きな科目）、性別と学問の連合の強さについて、グループ比較を行う。

2. テーマの解説：潜在態度と潜在連合テスト（IAT）とは？

（1）顕在態度と潜在態度

　今までにアンケート（質問紙調査）で「あなた自身にどの程度あてはまりますか」などと聞かれたことはないだろうか。回答する際には、自分のことを考えながら、呈示された項目がどの程度あてはまるかを記入したはずである。このようなアンケートの多くは自己報告式であり、この方法で測定される態度のことを顕在態度（Explicit Attitude）という。つまり、自分で自覚し意識的にコントロールすることができる態度である。自己報告式であるため、自己欺瞞による影響を受けやすく、テーマによっては社会的望ましさや規範などに影響される可能性が大きい。

　いっぽうで、自分自身では意識的にコントロールできない態度を潜在態度（Implicit Attitude）という。Greenwald & Banaji（1995）によると、潜在態度とは「社会的対象に対する好ましいあるいは好ましくない感情・思考・行動を媒介する、内省できない（または正確に識別できない）過去経験の痕跡」と定義される。つまり、過去の経験から記憶として保持されている概念間の連合の強さに応じた意味ネットワークモデルを背景としており、ある概念が活性化するとそれに関連した感情価も自動的に活性化され、後続の対象概念に対する態度に影響を与える。この概念間の連合の強さが刺激の分類の難易度や速度に反映され、潜在態度の指標として扱われている。

（2）潜在連合テスト（Implicit Association Test: IAT）の原理と手続き

　潜在連合テスト（IAT）は、Greenwald et al.（1998）が開発したものであり、意味ネットワークモデルを利用したカテゴリー化課題である。たとえば、トランプのカードをグループ分けする場面を考えてみよう。「ハート（♥）・ダイヤ（◆）」／「クローバー（♣）・スペード（♠）」にカードを分類する場合と、「ハート（♥）・クローバー（♣）」／「ダイヤ（◆）・スペード（♠）」に分類する場合を比較すると、おそらく前者の方が分類しやすいのではないだろうか。これは、トランプのマークの背景に「色（赤／黒）」という属性が存在しており、「ハート（♥）・ダイヤ（◆）」は「赤色」、「クローバー（♣）・スペード（♠）」は「黒色」という強い連合によって分類が容易にできるのである。カテゴリー化課題では、対になる2つのカテゴリーと2つの属性を設定し、それぞれの概念にあてはまるような刺激（単語や画像）を用意する。実験参加者は、呈示された刺激をあてはまる概念に分類するよう求められる。課題では分類の際の反応時間を測定する。分類のスピードには連合の強度が反映しており、カテゴリー化が容易である（素早く判断・分類が可能な）場合は、その概念同士の連合が強いことを意味する。

　カテゴリー化課題は、7つのブロックからなる。はじめに、ブロック1、2において、

設定したカテゴリー（または属性）の2つの概念に刺激を分類する課題を行う。次に、ブロック3、4において、カテゴリーと属性の4つの概念を組み合わせた分類課題を行う。ブロック3は練習試行であり、ブロック4が本番試行である。その後、ブロック5において、ブロック2とカテゴリー位置を左右逆にした課題を行う。これはカテゴリーの位置を逆にした分類作業に慣れるための練習試行である。ブロック6、7は、ブロック3、4と同じく4つの概念を組み合わせた課題であり、概念の組み合わせを変えたものである。組み合わせ課題には、「ハート（♥）・ダイヤ（♦）」／「クローバー（♣）・スペード（♠）」のように、多くの人が分類しやすい方向に組み合わせた課題（「一致課題」と呼ぶ）と、「ハート（♥）・クローバー（♣）」／「ダイヤ（♦）・スペード（♠）」のように分類しにくい方向に組み合わせた課題（「不一致課題」）がある。ブロック3、4とブロック6、7には、一致課題と不一致課題のカウンターバランスをとって配置する。

このように、カテゴリーと属性の4つの概念を組み合わせた分類課題を作り、その反応時間の差によって概念の相対的な連合の強さを測定している。つまり、IATでは測定したい態度を直接的に測定するのではなく、カテゴリー化の反応時間という間接的な指標を用いて測定しているのである。そのため、実験参加者がカテゴリー化課題によって何を測定されているのかがわかりにくく、意識的にコントロールすることが難しい。この性質から、社会的望ましさや文化規範の影響によって直接的に尋ねることができないような問題については、大変有効な測度のひとつといえる。

（3）紙筆版 IAT

紙筆版 IAT では、ブロックごとに質問紙1ページを用意し（資料16-3参照）、刺激リストの左右にカテゴリー（または属性）を呈示する。刺激は、カテゴリー（または属性）それぞれの概念にあてはまる単語を5つほど用意する。刺激語は、あいまいなものではなく、概念へのあてはまりが自明なものにする。刺激リストは40行用意し、各刺激語5つをランダムに数回呈示する。たとえば、2つのカテゴリー（属性）の分類課題の場合には、各概念の刺激語5つを4回呈示することになる。組み合わせ課題は、カテゴリーと属性の4つの概念の各刺激語5つを2回ずつ呈示する。各ページの制限時間は20秒とする。また、一致課題と不一致課題はカウンターバランスをとる。それに合わせて、練習課題の順序も考慮する。具体的には、ブロック2、3、4とブロック5、6、7をそれぞれセットで考え、セットの順序を入れ替えたものを半数ずつ用意する（資料16-4、5、6、7参照）。

実験参加者は、実験者の合図に従い、制限時間内に、呈示された刺激リストの各刺激語の左右の［　　］にチェック（✔）を入れる形でカテゴリー化を行う。実験者は、教示を読み上げ、制限時間をストップウォッチで測定しながらカテゴリー化課題を実施する。実験者の指示が聞こえるような静かな環境であれば、集団での実施も可能である。また、各ページの制限時間を概算すると、実験に要するおおよその時間を予測しやすいため、他の

課題などと組み合わせても利用しやすい。

　紙筆版 IAT では制限時間内に正確にカテゴリー化できた個数（チェックできた個数）を指標とする（cf. 北村・佐藤, 2008）。また、制限時間（20秒）を正確にカテゴリー化できた個数で割ると、平均反応時間を求めることも可能である（cf. 岡部他, 2004）。

（4）PC 版 IAT

　IAT は、質問紙を用いて実施する方法（紙筆版 IAT）とパソコンを利用して実施する方法（PC 版 IAT）がある。紙筆版 IAT は質問紙と鉛筆があれば、集団での実施が可能であるが、PC 版 IAT を実施する場合には、実験参加者 1 名に 1 台のパソコンを割りあてる必要がある。PC 版 IAT と紙筆版 IAT には高い相関が得られており（岡部他, 2004）、実験計画や状況に合わせた利用が可能である。

　PC 版 IAT の画面は、資料16-8のようになる。PC 版 IAT の刺激呈示と反応時間の測定には、Inquisit（Millisecond Software）や SuperLab Pro（Cedrus）などのプログラムソフトを用いるとよい。PC 版 IAT の刺激は、単語だけでなく画像（概念を表す絵など）も利用可能である。画面の真ん中に刺激が 1 つずつ呈示される。左右に割りあてられたキーを押すことで、どちらのカテゴリーにあてはまるか分類を行う。もし分類を間違えた場合には、×印が出るので、その際には反対のキーを押して次の刺激呈示を待つ。教示はブロックごとになされ、実験参加者はすべてプログラムの指示に従って個人で課題を進めることができる。PC 版 IAT と紙筆版 IAT は、測定方法が異なるため、分析で扱う指標も異なる。PC 版 IAT の場合には、ブロックごとに呈示する刺激に対する平均反応時間を算出し指標とする。

　PC 版 IAT については、実際に IAT テストを体験することのできるサイトがある（https://implicit.harvard.edu/implicit/japan/）。さまざまな潜在態度を測定することができ、刺激には、単語だけでなく画像を使用した課題もある。

3. レポートの内容

問　題

・IAT とは何かについて、性質や特徴を記載する。
・IAT に関連する先行研究を引用しながら、どのような研究が行われているのかについて説明する（とくに態度の自動性の研究などを参考にするとよい）。
・目的（何についての態度を明らかにしようとしたのか）について記載する。

方　法

実験参加者

　実験参加者の人数、性別を記載する。

実験日時と場所

　実施した日時と場所を記載する。

実験材料

　使用した「カテゴリー化課題」の構成を説明する。カテゴリー名や用いた刺激、IAT
の課題構成（資料16-3参照）について詳細に記載する。また、カウンターバランスについて
も説明する。フェイスシートの内容についても記載する。

手続き

　どのように「カテゴリー化課題」を実施したのかについて説明する。第三者がレポート
を読んで同じように実験を実施することができるように、以下の内容を中心に詳細に記載
する。

・どのように教示を行い、どのような手順でカテゴリー化課題を実施したのか。

・制限時間はどの程度設けたか。

結　果

・どのような方法で、データを集計・整理したのかについて記載する。

・以下の内容を中心に本文中に記載する。

　①一致課題と不一致課題の正答数について、平均値と標準偏差を記述し、どちらの連合
　　が強かったか。

　②グループ分けによって、連合の強さに違いがみられたか。

考　察

・本実験の目的や仮説を記載し、以下の点について、得られた結果をもとに考察する。

　①性別による学問（理系・文系）のイメージはどちらが強かったか。

　②性別や好きな科目が、学問イメージにどのような影響を与えていたか。

　③手続きや刺激語について改善点があるか。

引 用 文 献

Greenwald, A. G., & Banaji, M. R.（1995）. Implicit social cognition: Attitudes, self-esteem, and stereotypes.
　　Psychological Review, 102, 4-27.　https://doi.org/10.1037/0033-295x.102.1.4

Greenwald, A. G., McGhee, D. E., & Schwartz, J. L. K.（1998）. Measuring individual differences in implicit
　　cognition: The implicit association test. *Journal of Personality and Social Psychology, 74*, 1464-1480.
　　https://doi.org/10.1037/0022-3514.74.6.1464

北村 英哉・佐藤 史緒（2008）．潜在測定による自己と態度の研究——Implicit Association Test 紙筆版による地域イメージの検討—— 東洋大学21世紀ヒューマン・インタラクション・リサーチ・センター研究年報, *5*, 31-36.

岡部 康成・木島 恒一・佐藤 德・山下 雅子・丹治 哲雄（2004）．紙筆版潜在連合テストの妥当性の検討——大学生の超能力信奉傾向を題材として—— 人間科学研究, *26*, 145-151.

━━ トピック ━━

・ペアでの実施により、実験参加者と実験者をどちらも体験することができる。しかし、紙筆版IATは集団での実施も可能である。そのため受講生の人数や状況によって適宜実施方法は変更可能である。

・紙筆版IATと合わせて顕在態度として心理尺度を実施した場合には、潜在態度と顕在態度とのあいだに関連があるかどうか検討（相関分析）を行うこともできる。

・偏見の測定では、「偏見」や「ステレオタイプ」に合致している程度を検討するために、ステレオタイプに一致した分類を「一致課題」（その逆を「不一致課題」）と設定することがある。テーマによって、実験者が便宜上どちらかの連合を「一致課題」として設定して実施・分析することも可能である。

・プライム課題（先に態度対象に対する刺激を呈示することで後続の対象に対する反応速度があがるかどうか）や学習課題（態度対象について一致または不一致な方向について学習させることによる態度変化）などを利用した実験群と統制群の比較（平均値差検定）を行うことが可能である。

・さらに高度な計画としては、潜在態度の変容実験としてIATをくり返し実施し、性別や課題の有無などによる比較も可能である（cf. 尾崎, 2006）。

・グループごとにテーマを決めてカテゴリー化課題を作成させることもできる。その場合には、テーマの決定から、刺激語の選定、カウンターバランスのとり方などを実習することが可能である。

引 用 文 献

尾崎 由佳（2006）．接近・回避行動の反復による潜在的態度の変容 実験社会心理学研究, *45*, 98-110. https://doi.org/10.2130/jjesp.45.98

資料16-1　カテゴリー化課題例

〈Web〉
(http://www.hokuju.jp/
kisojikken/16-1.pdf)

資料16-2　記録用紙例

ID	一致課題 （総チェック数）	一致課題 （誤答数）	一致課題 （正答数）	不一致課題 （総チェック数）	不一致課題 （誤答数）	不一致課題 （正答数）
1						
2						
3						
4						
5						
6						
7						
8						
9						
10						

資料16-3　紙筆版 IAT の課題構成の例

ブロック		課　題	カテゴリー		
1	練習	カテゴリー分類	男性	―	女性
2	練習	属性分類	理系	―	文系
3	練習	組み合わせ（一致課題）	男性・理系	―	女性・文系
4	本番	組み合わせ（一致課題）	男性・理系	―	女性・文系
5	練習	属性分類	文系	―	理系
6	練習	組み合わせ（不一致課題）	男性・文系	―	女性・理系
7	本番	組み合わせ（不一致課題）	男性・文系	―	女性・理系

資料16-4　カテゴリー分類の例（ブロック１）

	[　　　]	少女	[　　　]	
	[　　　]	おじさん	[　　　]	
	[　　　]	父親	[　　　]	
男性	[　　　]	少年	[　　　]	女性
	[　　　]	母親	[　　　]	
	[　　　]	おばさん	[　　　]	
	[　　　]	姉	[　　　]	

資料16-5　属性分類の例（ブロック2）

理系	[　　　]	文学	[　　　]	文系
	[　　　]	音楽	[　　　]	
	[　　　]	物理学	[　　　]	
	[　　　]	英語学	[　　　]	
	[　　　]	数学	[　　　]	
	[　　　]	歴史学	[　　　]	
	[　　　]	化学	[　　　]	

資料16-6　組み合わせ（一致課題）の例（ブロック3、4）

男性または理系	[　　　]	哲学	[　　　]	女性または文系
	[　　　]	化学	[　　　]	
	[　　　]	生物学	[　　　]	
	[　　　]	少女	[　　　]	
	[　　　]	工学	[　　　]	
	[　　　]	歴史学	[　　　]	
	[　　　]	おばさん	[　　　]	
	[　　　]	音楽	[　　　]	

資料16-7　組み合わせ（不一致課題）の例（ブロック6、7）

男性または文系	[　　　]	母親	[　　　]	女性または理系
	[　　　]	工学	[　　　]	
	[　　　]	哲学	[　　　]	
	[　　　]	妹	[　　　]	
	[　　　]	化学	[　　　]	
	[　　　]	父親	[　　　]	
	[　　　]	物理学	[　　　]	

資料16-8　PC版IAT画面の例

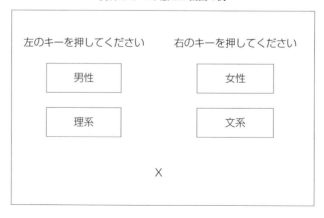

17 自己教示訓練

　Ａさんにとって、今日は新しく入ったゼミの初日である。今から自己紹介が始まる。自己紹介が大の苦手であるＡさんは、早くも心臓がドキドキし始め、手や顔に汗もかき始めた。「何を話そう……」と考えれば考えるほど頭が真っ白になってくる。しだいに「早口になって詰まってしまったらどうしよう」「きっと失敗するに違いない」「おかしなことを言ったら嫌われてしまう！」と否定的なことばばかりが浮かんでくる。一人、また一人と順番が近づいてくる。緊張が最高潮に達したところで、Ａさんの順番がまわってきたのだった。

✚ 1．実験の手続き ✚

〈実験に必要なもの〉

・ストップウォッチ１個
・ID 番号を記した表紙と気分調査票（坂野他, 1994；資料17-1）３回分（３枚）を１セットとして綴じたもの。イメージの操作チェック項目は、プレテスト、ポストテスト時のみ掲載して使用。
・自己教示のことばのリスト A（肯定的自己教示文のリスト：Meichenbaum（1985）を一部改変；資料17-2〈Web〉🌐 ）
・自己教示のことばのリスト B（中性的自己教示文のリスト：資料17-3〈Web〉🌐 ）
・結果の記録用紙（資料17-4）
・集計表（資料17-5）

〈全体の流れと実験手続き〉

【座席に着席】
　はじめに、受講生（すなわち実験参加者）は教室に入室し、座席に着席する。教員は、実験参加者をランダムに A、B の２つのグループに分ける。グループの実験参加者の人数は、ほぼ同数になるよう配慮する。A グループと B グループの実験参加者は、それぞれ別室へ移動し、座席に着席する。その際、A、B グループ共に、実験参加者は、隣の人との間隔を少なくとも一席以上間を空けて着席する。

⇩

148

【教示】

「では次に、ことばのリストを表にして、1段目の練習用の文章を見てください。今からその文章を使って自己教示の練習をします。場面をイメージしたまま、1段目の文章をくり返し読んでください。はじめは声に出してくり返して読み、だんだんと声を小さくしてささやき声で読むようにしていき、最後は心のなかでくり返し読みます。練習時間は1分間です。自己教示は機械的にならないように留意し、納得した上で気分を味わうように自分に言いきかせます。それでは、始めてください。」

【自己教示の練習課題の実施】

　ストップウォッチで1分が計測される。1分経過後に次の教示を行う。

【教示】

「やめてください。次に、ことばのリストの2段目の文章を見てください。今行った自己教示の練習と同じように、先ほどの場面をイメージしたまま、2段目の文章をくり返し読んでください。はじめは声に出してくり返して読み、だんだんと声を小さくしてささやき声で読むようにしていき、最後は心のなかでくり返します。実施時間は1分間です。1分経過したときに、『やめてください。次の文章に移ってください』と伝えますので、3段目の教示文に移って同じ方法で1分間自己教示を行ってください。3段目以降も同様の方法で行い、全部で10段目まで行います。自己教示は機械的にならないように留意し、納得した上で気分を味わうように自分に言いきかせます。それでは、始めてください。」

【自己教示の本課題（2段目の教示文）の実施】

　ストップウォッチで1分が計測される。1分経過後に次の教示を行う。

【教示】

「やめてください。次の文章に移ってください。」

【自己教示の本課題（3段目の教示文）の実施】

　ストップウォッチで1分が計測される。1分経過後に次の教示を行う。
　以下、同様の手続きで最後の教示文まで課題を実施する。

【教示】

「やめてください。以上で自己教示の課題は終了です。それでは、再度、場面について1分間、イメージを続けてください。」

⇩

【場面のイメージ想起】

ストップウォッチで1分が計測される。1分経過後に次の教示を行う。

⇩

【教示】

「やめてください。それでは、場面をイメージしたまま、気分の記録用紙の3ページを開いて教示文を読み、今の気分について回答してください。終わったら、場面をどのくらい具体的にイメージできたか、目盛りの上の数字に○をつけてください。終わったら回答漏れがないかを確認して、表紙を閉じてください。」

全員が回答を終え、表紙を閉じたかの確認がなされる。

⇩

【記録用紙の配付】

気分調査票の結果を記録するための記録用紙（資料17-4参照）が1人に1枚配付されるので、各自でベースライン、プレテスト、ポストテストの段階ごとに、気分（爽快感、抑うつ感、不安感）の各得点の合計点を算出し、記録用紙に記入していく。

⇩

【課題の解説】

ここで、教員から今日の実験の目的と「自己教示訓練の効果」について解説がある（詳説は次節を参照）。

〈データの整理〉

・Aグループ、Bグループそれぞれの実験参加者の記録用紙が回収される。教員により、全員分のデータがまとめられた用紙（資料17-5）が、実験参加者全員に配付される。そのデータを使い、ベースライン、プレテスト、ポストテストの測定段階における爽快感、抑うつ感、不安感それぞれの得点について、グループごとの平均値と標準偏差（SD）を算出した後、平均値をもとに、爽快感、抑うつ感、不安感それぞれについて図を作成する（「3. レポートの内容」のFigure 1を参照）。

・実験操作が適切になされたかを確認するために「どのくらい具体的に場面をイメージできたか」を尋ねた操作チェックの項目の得点についても、2回それぞ

2. テーマの解説：自己教示訓練とは？

　冒頭の例のように人前で発表をするときやテストを受ける前などに、さまざまな心配事や否定的なことばが浮かんで、思うように行動できなくなったり、手に汗をかいたような経験はないだろうか。また、たとえば友人にあいさつをしたのに返してくれなかったという場面で、「なんて失礼な奴だ！」と考えれば怒りがわき、「自分は嫌われているに違いない……」と考えれば落ち込んでしまうだろう。しかし、不快な場面に遭遇したときにも自分に前向きなことばをかけることによって、気持ちが落ち着いたり、やる気がみなぎってきたという経験もあるのではないだろうか。このように、ことばは感情や行動と密接に結びつき、セルフコントロールする上で重要な働きをもっている。

　自己教示（self-instruction）とは、心のなかで（内言）あるいは声に出して（外言）、自分自身にことばを言いきかせることにより、行動を変容させる技法である。自己教示は、自己陳述（self-statement）、自己言語化（self-verbalization）などともいわれる。Meichenbaum（1977）は、衝動性や多動性をもつ幼児が早期から他者の言語や自分自身の言語（外言と内言）によって、行動をセルフコントロールすることに着目した。そして、適切な自己教示をすることにより感情や行動の問題を改善する方法として、自己教示訓練（self-instructional training：SIT）を開発した。SIT は衝動性、攻撃性、歯科治療恐怖、飛行機恐怖、スピーチ不安のコントロールや低減など、さまざまな問題（課題）に適用されて、効果をあげている（根建・豊川，1991）。

　自己教示が感情（気分）に与える効果を検討した先駆的研究には Velten（1968）がある。Velten（1968）は、実験参加者を「気分高揚トリートメント」（EL）、「うつ気分トリートメント」（DE）、「中性的トリートメント」（NU）の各群にランダムに振り分けた。そして、グループごとに異なる内容の自己教示（自己陳述）を60ずつ読ませた。EL 群の陳述内容は、「これはいい。本当に気分がいい。物事に対して私は前向きだ」などの陽気な気分を反映したものであったが、DE 群の陳述内容は、「私の人生は悪いことでいっぱいだ」などのうつ的な気分を反映したものであった。また、NU 群の陳述は、「ユタはビーハイブ州である」など、気分と関係のない中立的な内容であった。なお、Velten（1968）は、実験参加者の役割演技や要求特性の効果をみるために、EL もしくは DE の自己教示の内容から推測される気分にあった行動をとらせる「気分高揚要求特性トリートメント」（EDC）と「うつ気分要求特性トリートメント」（DDC）の群も設けた。この研究において、書字速度や

反応時間、言語連想、気分評定の結果から、用いた自己陳述の内容が感情（気分）や行動に影響を及ぼすことが示された。

3．レポートの内容

問　題

・第2節を参照しながら、自己教示訓練についての説明を行う。

・また、過去の自己教示訓練に関する研究も紹介する。

・その上で、今回の実験では何を明らかにしようとするのか、すなわち、本実験の目的・仮説を記載する。

方　法

実験参加者

　実験に参加した人数を男女ごとに記載し、あわせて全実験参加者の年齢の平均値、標準偏差を記載する。

実験計画

　独立変数や従属変数を必要に応じて記載する。

実験日時と場所

　実験を行った日時と場所を記載する。広さや騒音の有無などの情報も加える。

実験器具・課題

　どのような実験材料や課題を用いたのか、過不足なく記載する。

手続き

　どのような手続きで実験が行われたのか、詳細かつ過不足なく記載する。実験に参加していない人がこれを読んだときに、同じ実験ができるかどうかに留意しながら詳細に記載する。その際、箇条書きにせず文章で記載する。

　今回の実験では、たとえば以下のような記述が必要となる。

・どのようにグループ分けがなされ、実験場所が設定されたか。

・実験参加者は教員より、課題の実施に際してどのような教示を受けたか。

・場面を想起させる教示は、どのように行われたか。

・練習課題および教示文の切り替え（移行）はどのように行われたか。

・各自が回答に要する時間はどの程度であったか。

結　果

・Figure 1に何を示したのかを記載する。

・この Figure 1を作成するときは、独立変数（実験条件）や従属変数（気分）の平均値や標準偏差（*SD*）、データの数など必要な情報を過不足なく記入するようにする。

・Figure 1を参照しながら、実験条件ごとにどのような違いがみられたかを記載する。

・統計的仮説検定を行った場合は、その結果も記載する。

Figure 1
気分の得点の平均値

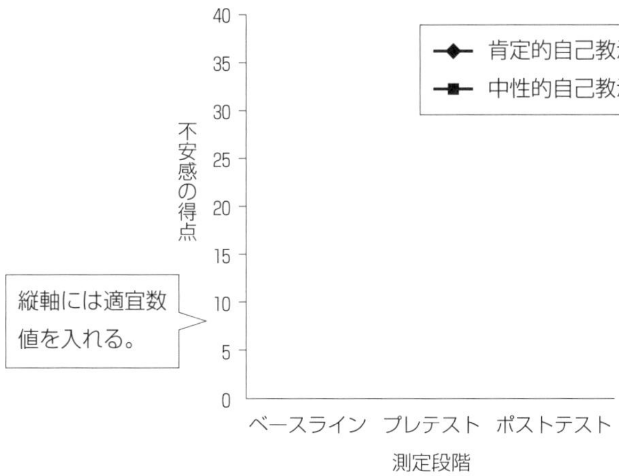

考　察

・本実験の目的を再び記載する。その上で、今回の実験では、以下の2点について検討する。

①自己教示を行うことで、気分は変動していたか？

②教示文の条件の違いにより、気分の変動は異なっていたか？

①において変動していた（あるいは、変動していなかった）、②において異なっていた（あるいは、異なっていなかった）ならば、どうしてそのような結果になったのか、第2節で引用した文献などをもとに根拠をあげながら、自分の考えを述べる。また、実験参加者全員が十分に場面をイメージできていたかを操作チェックの項目から確認し、その結果も適宜参考にする。

・結果的に、仮説は支持されたかどうかを記載する。

・その他、考えられること、実験の改善点、課題（反省点）などを記載する。

引 用 文 献

Meichenbaum, D.（1977）. *Cognitive-behavior modification*. Plenum.（マイケンバウム D. 根建 金男（監訳）（1992）. 認知行動療法　同朋舎出版）

Meichenbaum, D.（1985）. *Stress inoculation training*. Plenum.（マイケンバウム D. 上里 一郎（監訳）

（1989）．ストレス免疫訓練　岩崎学術出版社）

根建 金男・豊川 輝（1991）．自己教示の効果をめぐる研究　人間科学研究, *4*, 167-178.

坂野 雄二・福井 知美・熊野 宏昭・堀江 はるみ・川原 健資・山本 晴義・野村 忍・末松 弘行（1994）.
　新しい気分調査票の開発とその信頼性・妥当性の検討　心身医学, *34*, 629-636.　https://doi.org/
　10.15064/jjpm.34.8_629

Velten. E.（1968）. A laboratory task for induction of mood states. *Behaviour Research and Therapy, 6*,
　473-482.　https://doi.org/10.1016/0005-7967(68)90028-4

トピック

・測定段階（ベースライン、プレテスト、ポストテストの3水準；対応あり）と条件（肯定的自己教示群、中性的自己教示群の2水準；対応なし）を要因とする2要因混合計画に基づく分散分析を用いた統計的仮説検定を行い、自己教示訓練の効果について検討することが可能である。

・実験終了後は、実験参加者に実験で経験していない他方のグループの教示文も配付して内容の確認と情報の共有を行い、考察を深めるとよい。中性的自己教示群の実験参加者には、肯定的自己教示群で使用した教示文も体験してもらうことが倫理的な観点からも望ましい。

● 次の項目をよく読んで、今のあなたの状態に最もよくあてはまると思う番号に○印をつけてください。

		全く あてはまらない				非常に あてはまる
		1	2	3	4	5
1	心静かな気分だ					
2	頭の中がすっきりしている					
3	くつろいだ気分だ					
4	物事を楽にやることができる					
5	生き生きしている					
6	元気いっぱいである					
7	気持ちが引き締まっている					
8	充実している					
9	気持ちがめいっている					
10	気分が沈んで憂うつである					
11	みじめだ					
12	がっかりしている					
13	気が重い					
14	つらい					
15	むなしい					
16	一人きりのようでさみしい					
17	将来のことをあれこれ考えてしまう					
18	なんとなく不安だ					
19	いろんな思いが心をよぎる					
20	自分のことが気になる					
21	とまどいを感じている					
22	自分の考えがまとまらない					
23	何か具合の悪いことが起こりはしないか心配だ					
24	何か物足りない					

● どのくらい具体的に場面をイメージすることができましたか？　下の目盛り上に○をつけてください。

1　2　3　4　5　6　7

資料17-2　自己教示のことばのリスト A
（肯定的自己教示文のリスト）

〈Web〉🌐
(http://www.hokuju.jp/
kisojikken/17-2.pdf)

資料17-3　自己教示のことばのリスト B
（中性的自己教示文のリスト）

〈Web〉🌐
(http://www.hokuju.jp/
kisojikken/17-3.pdf)

資料17-4　結果の記録用紙

ID _____

実験条件：○グループ　○○○自己教示群

	ベースライン （1ページ）	プレテスト （2ページ）	ポストテスト （3ページ）
爽快感 （項目：1〜8）			
抑うつ感 （項目：9〜16）			
不安感 （項目：17〜24）			
具体的イメージ の程度			

目盛り上に○をつけた数値を0.5刻みで記入

資料17-5　集計表　自己教示訓練による気分調査票の結果

	ID	爽快1	爽快2	爽快3	抑うつ1	抑うつ2	抑うつ3	不安1	不安2	不安3	イメージ1	イメージ2
A（肯定的自己教示）群	1											
	2											
	3											
	4											
	5											
	6											
	7											
	8											
	9											
	10											
B（中性的自己教示）群	1											
	2											
	3											
	4											
	5											
	6											
	7											
	8											
	9											
	10											

気分1：ベースライン　　気分2：プレテスト　　気分4：ポストテスト
イメージ1：プレテスト　　イメージ2：ポストテスト

注）実験の背景、方法、結果、考察に関する記述の一部は、早稲田大学人間科学部の講義「臨床実践研究法　01」の「自己教示訓練の効果に関する実験」に関する教材の記述を原著者の根建金男の許可を得て転載した。また、実験手続きについて根建より示唆を得た。

18 レポートの書き方

1. レポートを書く目的

　心理学の実験実習は、実験を実施し、データを得ただけでは終わりではない。実験を通して得られたこと、それに対して自分が考えたことを、レポートにまとめる必要がある。

　レポートを書く目的は、実験の結果を報告するためだけではない。実験を通して得られたこと、自分が考えたことを、読み手（レポートを評価する教員、実験に関する情報を詳しく知らない他の学生）が理解できるように伝える練習をするためである。実験に関する情報を読み手にわかりやすく論理的に伝えることを意識してレポートを書くと、よいレポートの書き方を身につけることができる。卒業論文を書くときにも大いに役立つだろう。

　本章では、心理学の実験実習のレポートの書き方について説明する。最初に、レポートの流れを、レポートの「型」に沿って説明する。続いて、レポートを書くときの注意点を、レポート作成の段階ごとに説明する。なお、本章で紹介する図表や文献情報の書き方は、原則的には、「日本心理学会」の執筆・投稿の手びき（公益社団法人日本心理学会, 2022）に基づいている。

2. レポートの流れ

　心理学の論文やレポートは、本文を「問題」、「方法」、「結果」、「考察」の順に構成するという、科学論文の「型」に従う必要がある。また、本文の前に「タイトル（表題）」を、本文の最後に「引用文献」を載せる。以下、レポートの「型」に沿って、それぞれの箇所で書くべきことを説明する。

（1）タイトル（表題）

　「タイトル（表題）」は、それを見ただけで読み手が研究内容を想像できるようにする必要がある。たとえば、独立変数、従属変数があるときは「○○（独立変数）が××（従属変数）に与える影響」というタイトルに、独立変数、従属変数がなく2つの変数間の関連を検討するときは「○○と××の関連」というタイトルにすると、読み手が研究内容をイメージしやすいだろう。サブタイトル（副題）をつけるときは、サブタイトルの前後を2倍ダッシュ「——」で挟む。

Table 1
「問題」の文章例

判断や態度の形成あるいは行動を決定する際、人は、他者の存在やコミュニケーションからさまざまな形で影響を受ける。このようなプロセスを総称して社会的影響という。 ①問題提起

社会的影響のうち、本実験では、同調に着目する。同調とは、集団や他者が設定する標準ないし期待に沿って行動することである。 ②扱う概念の定義

同調に関する代表的な実験として、Sherif（1935）と Asch（1951）の実験があげられる。Sherif(1935) は、３人一組で、暗室内での光点の自動運動距離を報告させる実験を行った。…（以下、略） ③扱う概念に関する先行研究

本実験では、同調を引き起こす影響の１つである情報的影響に注目する。そして、複数の個人が同一のあいまいな事象を判断しようとするときに、他者の判断結果の情報が呈示されると同調が生じるか否かを検討することを目的とする。 ④目的

本実験の仮説は、「他者の判断結果の情報が提示されると同調が生じやすくなる」である。Sherif（1935）や Asch（1951）の研究結果に基づくと、適切な判断や行動を行うために他者の意見を参考にする行動が生じやすくなると予測されるため、以上の仮説が導出される。 ⑤仮説の提示

（2）問　　題

　「問題」は、「逆三角形」をイメージして、広い内容から狭い内容を扱うように構成し、以下のことがらの順に書く。文章例を Table 1に示す。なお、「④目的」以降を「問題」と独立させることもある。

①問 題 提 起

　研究テーマに関連する一般的なことがらから書き始める。日常生活の現象を具体例としてあげるのもよいだろう。

②扱う概念の定義

　実験で扱う概念の定義を明確に示す。

③扱う概念に関する先行研究

扱う概念に関して、先行研究で明らかにされていることを説明する。このとき、他の研究者の意見や研究結果が載っている文献をあげる。このことを引用という（文献の引用の仕方は後述する）。複数の文献を引用するときは、それぞれの文献の関係がわかるように説明する。その上で、先行研究の未検討点や問題点をあげる。

④目　　的

今回の研究で検討することがらを明確に述べる。目的が2つ以上あるときは、「本研究の目的は以下の二点である。第一に、…。第二に…。」のように、それぞれの目的を読み手が理解しやすいように書く。加えて、研究方法が複雑なときは、目的を理解しやすいように、簡単に研究方法に触れる。

⑤仮説の提示

研究によっては、仮説をあげる必要がある。仮説をあげるときは、仮説が成り立つ根拠を、先行研究をふまえて説明する。

（3）方　　　法

「方法」では、読み手がレポートを読んだだけで実験を再現（追試）できるように必要な情報を入れることを念頭に置き、以下のことがらの順に書く。実験実施後であるため、「方法」は過去形で書く。また、書くべきことがらを見出しにすると、情報の区切りがわかるので、読み手が読みやすくなる。一般的に、レポートの本文の書体は明朝体にするので、見出しの書体をゴシック体にすると目立ちやすい。

①実験参加者

実験に参加した人数、性別、年齢の平均値と標準偏差の情報を書く。加えて、結果に影響を与える可能性がある情報も示す必要がある。たとえば、実験参加者の手作業の成果を測定する実験では、実験参加者の利き手の情報を書く。

②実 験 計 画

独立変数があるときは、独立変数は何か、それは実験参加者間計画、実験参加者内計画のいずれかを書く。続いて、独立変数ごとに、それぞれの条件について詳しく説明する。

③実験日時と場所

実験日時と実験に使用した場所（たとえば、○○大学△△キャンパス12号館G310実験室）を書く。部屋の配置が結果に影響する可能性があるときは、部屋の広さ、配置も示す。

④材　　　料

実験に用いた刺激や材料を説明する。先行研究で作成された刺激や材料を使用したときは、その刺激や材料が載っている文献を引用する。

⑤手 続 き

箇条書きは避け、読み手がレポートを読んだだけで同様の手順で実験が再現できるよう

に説明する。実験参加者に対して実験者が教示したセリフなど、そのまま書くと要点がわかりにくくなる情報は要約する。

⑥測度（従属変数）

測定した変数を具体的に説明する。手続きに含めて説明したときは省略する。「測度」の後に「分析方法」を書くこともある。

（4）結　　　果

「結果」は、どの目的の結果なのかがわかるように、「問題」で目的としてあげた順に示す。結果の解釈は「考察」で書くので、「結果」では得られた結果のみを報告する。実験実施後であるため、「方法」と同様に、「結果」は過去形で書く。

「結果」では、得られたデータをそのまま報告するのではなく、データを分析した結果を正確に報告する。一般的には、最初に、条件ごとの平均値、標準偏差などの記述統計の結果を示す。続いて、統計的仮説検定を行ったときは、t や F などの検定統計量、自由度、p 値（有意確率）、効果量を載せ、結果を示す。なお、統計記号はイタリック（斜体）にする。

数値の書き方にもルールがある。数値は半角文字にし、小数にならない数値（たとえば、人数）を除き、数値を小数点以下は 2 桁、あるいは 3 桁で統一する（それ以下の数値は四捨五入する。例：「○○条件の平均値は4.00であった。」）。また、相関係数や p 値など、絶対値で 1 以下の範囲（−1.00〜＋1.00）しかとりえない数値は、1 桁目の 0 を省略するのが慣例となっている（例：相関係数の値が「0.32」ならば、「.32」と書く）。なお、p 値については、正確な値を小数点以下 2 桁あるいは 3 桁で記載し、p 値が .001 より小さいときは $p<.001$ と記載する。

重要な結果は、図表にまとめると理解しやすい。図は Figure（例：Figure 1）、表は Table（例：Table 2）と書く。読み手が図表だけを見て結果の要点がわかるようにする必要がある。一方、図表は本文の補助であるため、結果の要点は本文でも必ず説明する。このとき、どの図表を説明しているかが読み手にわかるよう、「……を Table 1に示す。」のように、図表を示す前に本文で先に触れる。図表は本文で触れた後の箇所に挿入し、図表の前後を 1 行空ける。図表のタイトルは、図表とも上に書く。

（5）考　　　察

「考察」では、実験の結果の説明や、その結果に対する解釈を中心に、以下のことがらの順に書く。「問題」を書く際にイメージした「逆三角形」とは反対の三角形をイメージし、狭い内容から広い内容を扱うように構成する。

①目　　　的

「問題」で示した目的をもう一度述べる。読み手が、結果およびその解釈を理解しやすくするためである。「問題」と同じ文章を過去形に変えて書くとよいだろう。

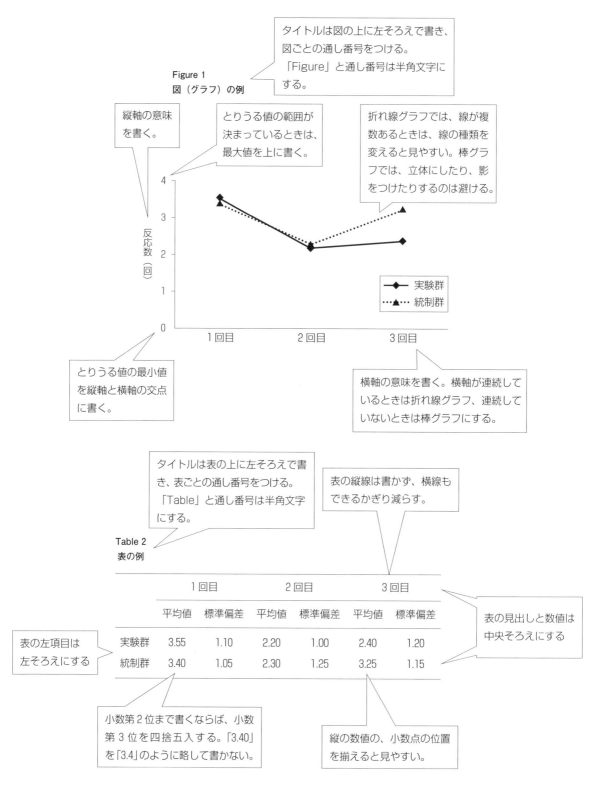

Figure 1
図（グラフ）の例

タイトルは図の上に左そろえで書き、図ごとの通し番号をつける。「Figure」と通し番号は半角文字にする。

縦軸の意味を書く。

とりうる値の範囲が決まっているときは、最大値を上に書く。

折れ線グラフでは、線が複数あるときは、線の種類を変えると見やすい。棒グラフでは、立体にしたり、影をつけたりするのは避ける。

とりうる値の最小値を縦軸と横軸の交点に書く。

横軸の意味を書く。横軸が連続しているときは折れ線グラフ、連続していないときは棒グラフにする。

タイトルは表の上に左そろえで書き、表ごとの通し番号をつける。「Table」と通し番号は半角文字にする。

表の縦線は書かず、横線もできるかぎり減らす。

Table 2
表の例

	1回目		2回目		3回目	
	平均値	標準偏差	平均値	標準偏差	平均値	標準偏差
実験群	3.55	1.10	2.20	1.00	2.40	1.20
統制群	3.40	1.05	2.30	1.25	3.25	1.15

表の見出しと数値は中央そろえにする

表の左項目は左そろえにする

小数第2位まで書くならば、小数第3位を四捨五入する。「3.40」を「3.4」のように略して書かない。

縦の数値の、小数点の位置を揃えると見やすい。

162

②結果の解釈

　最初に、得られた結果を、目的と対応させて説明する。情報の重複を避けるため、「結果」で示した詳細な結果は書かず、簡潔にまとめる。続いて、結果から考えられることや、その結果が得られた理由を説明する。「問題」で仮説をあげたときは、その仮説が支持されたか否かを述べる。仮説が支持された場合、先行研究の結果と一致していることを簡潔に説明する。このとき、「考察」で、先行研究にかんするあらたな文献に触れることがないように留意する。一方、仮説が支持されなかった場合、先行研究と一致していない点を明確にし、その結果が得られた理由を説明する。理由は１つとはかぎらないため、必要に応じてあらたな文献を引用しながら、複数の理由をあげるとよい。

　なお、実験の結果の説明と、その結果の解釈を区別する必要がある。実験の結果の説明は、「本研究では、……という結果が得られた。」のように過去形で書く。一方、結果の解釈は、「このことから、……であると考えられる。」のように現在形で書く。

③実験の問題点

　実験の問題点があるときは問題点を指摘する。このとき、結果にどのような影響を与えた可能性があるかを、今回の結果をふまえて説明する。「もっと教示を上手にすべきだった」といったような反省をあげるのは、実験の価値をみずから下げることになるので避ける。

④今後の課題

　今後、どのようなことを調べるとよいかを、理由をあげながら述べる。

（6）引 用 文 献

　「引用文献」は、本文中で引用した文献情報のリストである。引用した情報の情報源が読み手にわかるように、文献の情報を正確に示す（引用文献の書き方は後述する）。参考にしたものの引用していない文献を、「参考文献」などとして示す必要はない。

（7）付　　　録

　その他、「付録」として、研究に用いた刺激、材料、質問紙などを示すこともある。

✚　3．レポートを書くときの注意点　✚

　続いて、レポートを書くときの注意点を、「準備」、「作成」、「確認」という、レポート作成の段階ごとに説明する。

（1）準 備 段 階

　下準備をせずにレポートを書こうとすると、なかなか書き進めることができない。レポートを書く前に、全体の構成を十分に練る必要がある。まず、第２節で説明した、「問題」、

Table 3
文章表現の主な注意点

文章作成

・主観的視点からの表現は避ける（例：「（私は）……と考える。」は不可）

・「である」調で書く

・口語的表現を避ける（例：「……なのである」「それで」は不可）

・体言止めを避ける（例：「……が必要。」は不可）

・主語や目的語を省略しない

・一文は短くする（100字を超えたら長い）

・受動態と能動態を混ぜて使わない

　（例：「太幡（2008）は……を示された。」は不可）

・「☆」や「！」など、意味のない記号を使わない

・連続する文章で同じ表現を続けて使うのを避け、似た表現に置き換える

　（例：「また」「……と考えられる」などは続けて使ってしまいやすい）

・主張には客観的で説得力のある根拠を示す

段落構成

・1つの段落で述べることは1つにする

・段落の最初で主張を述べてから、その根拠を説明する

・接続詞を工夫して、段落同士のつながりを明確にする

「方法」、「結果」、「考察」ごとに、レポートに書く内容を具体的に整理する。そして、整理した内容に基づき、段落構成を決めていくとよいだろう。

　また、レポートを書き進めるときは、「型」の順に「問題」から書き始めるのではなく、途中の「方法」と「結果」から書き始めた方が書きやすい。なぜなら、「問題」と「考察」では事実に基づいた予測や考察といった抽象的な内容を扱うため、事実やデータといった具体的内容を扱う「方法」と「結果」を書くよりも難しくなるからである。したがって、途中の「方法」、「結果」から書き、その後、「問題」、「考察」の順に書くとよい。

（2）作 成 段 階

①レポートでの文章表現

　心理学論文やレポートでは、科学論文としての体裁が必要である。科学論文では、客観的視点から、誰が考えても同じような結論に至るような論理的な文章を、正確かつ簡潔に書くことが求められる。たとえば、「（私は）……と考える。」といった主観的視点からではなく、「……と考えられる。」といった客観的視点から文章を書く必要がある。その他の文章表現の主な注意点を Table 3に示す。あわせて、刊行されている心理学の学術論文、文章表現を解説した本（たとえば、松井，2010）などを参照して確認してほしい。

②文献の引用の仕方

Table 4
著者が 2 名の場合と 3 名以上の場合の本文中の引用例

著者が 2 名の場合	著者が 3 名以上の場合
両者の名前を順序通りに書く	筆頭著者名を書いた上で、その他の著者を、日本語では「他」、外国語では「et al.」と略す
・文中	・文中
（例）太幡・佐藤（2021）は、……	（例）佐々木他（2005）は……
Tabata & Vrij（2022）は、……	Gilovich et al.（1998）は……
・カッコ内	・カッコ内
（例）……とされている（太幡・佐藤, 2021）。	（例）……とされている（佐々木他, 2005）。
……とされている（Tabata & Vrij, 2022）。	……とされている（Gilovich et al., 1998）。
	※同じ省略表記の文献が複数できてしまう場合、論文間の区別がつくまで著者名を書く

　レポートであげたことがらが、自分の意見なのか、他の研究者の意見や研究結果なのかを明確にしなければならない。他の研究者の意見や研究結果を書くときは、その情報が載っている文献を引用する必要がある。

　文献を引用するときの書き方にもルールがある。文献を引用するときは、引用した文献の著者名と刊行年を書く。日本語は全角文字、外国語と数値は半角文字にする。文中では「著者姓（西暦年）」、カッコ内に入れるときは「（著者姓, 西暦年）」と書く。著者が 2 名の場合、両者の名前は文献の順序通りに書く。著者名は、日本語では「・」、外国語では「&」でつなぐ。「&」の前後には半角スペースを入れる。著者が 3 名以上の場合、さらに複雑になる（Table 4）。また、翻訳書の場合、原典の情報、翻訳書の情報がわかるように書く（例：「Buss（1986 大渕訳 1991）は、…」「…とされている（Buss, 1986 大渕訳 1991）。」）。以上に説明したのは一般的な場合のルールである。その他の場合のルールは、「日本心理学会」の執筆・投稿の手びき（公益社団法人日本心理学会, 2022）を参照してほしい。

　また、引用する内容は、原則的に、文献の内容をまとめたものを引用する。文献の文章を直接抜き出す必要があるときは正確に転記し、引用箇所を改行して字下げする（行頭の位置をまわりの文章よりも下げる）か、カギカッコ（「　」）をつけ、最後に引用箇所のページ番号も記載する。直接抜き出す文章は、長くても 3 行程度にとどめる。

　引用した文献は、「引用文献」のリストに記載する。文献を引用したら、そのつど文献情報を「引用文献」に追加する方法を薦めたい。なぜなら、「引用文献」を最後にまとめて書くと、引用した文献を「引用文献」に入れ忘れてしまいやすいからである。

　最後に、文献を引用するときの注意事項を 2 つあげる。第一に、研究をまとめた教科書やインターネットの情報を引用することは避ける。読み手が、元の情報源となる文献にた

Table 5
文献情報の書き方

日本語雑誌論文

著者氏名（刊行年）．論文名　雑誌名，巻（イタリック体），ページ数．DOI（Digital Object Identitier）の情報

　（例）佐々木 淳・菅原 健介・丹野 義彦（2005）．羞恥感と心理的距離との逆 U 字的関係の成因に関する研究——対人不安の自己呈示モデルからのアプローチ——　心理学研究, *76*, 445-452. https://doi.org/10.4992/jjpsy.76.445

　　　　太幡 直也（2008）．認知的負荷が懸念的被透視感によって生起する反応に与える影響　心理学研究, *79*, 333-341.　https://doi.org/10.4992/jjpsy.79.333

外国語雑誌論文

著者ラストネーム，ファーストネーム（刊行年）．論文名　*雑誌名（イタリック体）*, *巻（イタリック体）*, ページ数．

　（例）Gilovich, T., Savitsky, K., & Medvec, V. H.（1998）. The illusion of transparency: Biased assessments of others' ability to read one's emotional states. *Journal of Personality and Social Psychology, 75*, 332-346.　https://doi.org/10.1037/0022-3514.75.2.332

　　　　Tabata, N.（2007）. Some factors in perceived unwanted transparency. *Psychological Reports, 100*, 803-809.　https://doi.org/10.2466/pr0.100.3.803-809

日本語書籍

著者氏名（刊行年）．本の題名　出版社名（※日本語で終わるときにはピリオドをつけない）

　（例）深田 博己（1998）．インターパーソナル・コミュニケーション　北大路書房

日本語書籍の一部

著者氏名（刊行年），章の題名　編集者名　本の題名（pp. ページ数）出版社名

　（例）太幡 直也（2013）．嘘を見破られる　村井潤一郎（編）　嘘の心理学（pp. 57-68）ナカニシヤ出版

外国語書籍

著者ラストネーム，ファーストネーム（刊行年）．*本の題名（イタリック体）*. 出版社名．

　（例）Humphrey, N.（1992）. *A history of the mind.* Simon & Schuster.

外国語書籍の一部

著者ラストネーム，ファーストネーム（刊行年）．章の題名　編者ファーストネーム，ラストネーム　*本の題名（イタリック体）*（pp. ページ数）. 出版社名．

　（例）Grice, H. P.（1975）. Logic and conversation. In P. Cole & J. L. Morgan（Eds.）, *Syntax and semantics.* Vol. 3. *Speech acts*（pp. 41-58）. Academic Press.

翻訳書

（※原典の情報を先に書き、その後に翻訳書の情報をカッコに入れて書く）

　（例）Buss, A. H.（1986）. *Social behavior and personality.* Erlbaum.（バス, A. H. 大渕 憲一（監訳）（1991）．対人行動とパーソナリティ　北大路書房）

どり着くことができない可能性があるからである。もとの情報源となる文献を自分で探して、その文献を引用することが原則である。第二に、他の文献に載っている文章を丸写ししたり、インターネットの情報をコピペ（コピー＆ペースト）したりして、自分が書いたようにして提出するのは厳禁である。他人が情報源の情報を、情報源を明記せずに転用することを、剽窃という。剽窃はカンニングと同じである（山口, 2013）。剽窃すると前後で文体が変わるため、担当教員に見抜かれてしまうことが多い。剽窃が発覚したときは、レポート自体が無効となっても反論の余地はない。

③「引用文献」の書き方

「引用文献」に載せる文献情報の書き方には細かいルールがある（Table 5）。以下、「日本心理学会」の執筆・投稿の手びき（公益社団法人日本心理学会, 2022）に基づき、重要なルールに絞って説明する。

　a）文字とスペース

　文献情報を書くときは、日本語は全角文字、外国語と数値は半角文字にする。カッコ「（　　）」、ピリオド「.」、カンマ「,」は、日本語でも半角を使う。情報の区切りにはスペースを用いる。スペースは、日本語では全角、外国語では半角にする。日本語でも外国語でも、カッコ、ピリオド、カンマ、アンド「&」の後ろのスペースは半角にする。

　b）文献情報を書く順序

　文献情報を書く順序にもルールがあり、著者名、刊行年、論文名や雑誌名、ページの順に載せる。また、カッコ、ピリオド、カンマ、スペースは決まった場所に入れる必要がある。1つの文献情報が2行以上にわたるときは、2行目以降を全角2文字分下げる。

　著者名は、共著の文献のときは2名以上になる。2名の場合、日本語では「・」、外国語（主に英語）では「&」でつなぐ。3名以上の場合、日本語では「・」、外国語では「,」で並べ、最後の著者のみを「&」で結ぶ。日本語の著者名は姓、名の順に書き、姓と名のあいだはカンマをつけずに半角スペースを入れる。

　著者名の次には、刊行年をカッコ「（　　）.」でくくる（最後にピリオド「.」をつける）。続いて、論文名や雑誌名、ページの情報を書く。なお、サブタイトルがあるときは、日本語ではサブタイトルの前後を2倍ダッシュ「──」で挟み、外国語ではタイトルとサブタイトルをコロン「:」で区切る。

　c）文献の並べ方

　心理学の論文やレポートでの引用文献では、複数の文献を、本文で引用した順ではなく、著者名の頭文字のアルファベット順に並べる。日本語文献と外国語文献を分ける必要はない。同じ著者の文献が複数あるときは、年号の古い文献を先にする。同じ著者で同じ年の文献が複数あるときは、本文で引用した順に、「2010a」や「2010b」のように、刊行年の後ろにアルファベットをつけて区別する。著者が連名で第1著者の文献が複数あるときは、第2著者のアルファベット順に並べる。

Table 6
推敲のためのチェックリスト

内容	図表
・タイトル（表題）は研究内容を的確に表している？	・図表ごとに、文字や数値のフォントは同じ？
・情報に過不足はない？	・図表の数値は合っている？
・目的と結果が対応している？	・図表の数値と本文の数値は同じ？
・目的に関する結果を十分に考察した？	・図表を見て結果が理解できる？
	・図表の縦線は省いてある？
表記、体裁	・図表の番号は、ページ順で通し番号になっている？
・誤字、脱字はない？	・結果について本文で述べた後に図表を挿入した？
・図表も含め、本文全体で用語は統一できている？	・挿入する箇所の前後の本文を1行空けた？
・結果の数値、統計記号の書き方は正しい？	
・文献の引用の仕方は正しい？	**引用文献**
・カッコ、読点、句読点は統一できている？	・本文で引用した文献で、抜けている文献はない？
（例：読点として「、」と「.」が混在していない？）	・文献の順序はアルファベット順になっている？
・見出しは本文と違う書体になっている？	・カッコ、ピリオド、カンマ、スペースの使い方も
・すべてのページの下にページ番号は振ってある？	含め、引用文献の書き方に誤りはない？
・改行したら、全角1文字分、字下げしてある？	・一つの文献が2行以上にわたるとき、2行目以降
・意味なく空いている行はない？	は全角2文字分、字下げしてある？

（3）確 認 段 階

①推　　敲

　レポートを作成し終えたら、提出する前に、原稿を入念に推敲（チェック）する必要がある。推敲のためのチェックリストを Table 6に示す。Table 3の文章表現の主な注意点とあわせ、何度もくり返し推敲する必要がある。このとき、原稿を紙に印刷して推敲する方法を薦めたい。パソコンの画面を見て推敲する方法では、レポートを書いているうちに画面を見慣れてしまい、誤字や脱字を見落としやすくなるからである。印刷した原稿は、空き時間を利用して（ときには声に出して）くり返し読み、ボールペンを使って修正箇所に直接書き込みをするとよいだろう。また、他の人にチェックしてもらうのも効果的である。誤字や脱字だけではなく、内容の点でわかりにくい箇所を指摘してもらうとよいだろう。

②形式チェック

　レポート提出にあたり、決められた体裁を守ることも重要である。たとえば、左上をホチキスで留める、自分の氏名や学籍番号を入れる、指定されたページ設定（1ページの文字数と行数）を守ることなどがあげられる。担当教員の指示をよく聞き、確認してほしい。

③提　　出

　最後に、提出期限は必ず守ること。1分でも遅れたらレポートの提出が認められないと考え、余裕をもって準備してほしい。

引 用 文 献

松井 豊 （2010）．改訂新版心理学論文の書き方――卒業論文や修士論文を書くために―― 河出書房新社

日本心理学会機関紙等編集委員会 （2022）．執筆・投稿の手引き（2022年版） 公益社団法人日本心理学会 Retrieved October 25, 2022 from http://psych.or.jp/manual/

山口 裕之 （2013）．コピペと言われないレポートの書き方教室――３つのステップ―― 新曜社

あ と が き

　執筆と編集にかかわる作業を間もなく終えようとしている今、本書を生み出すために歩んできた道程を振り返ってみると、あっという間の出来事のようでもあり、またものすごく長い年月のようでもあった。この短いようで長く、長いようで短い時間の中に、いくつものエピソードがあったことが思い出される。

　まず記しておきたいのは、今回の企画で共編者としての役割を快く引き受けてくださった鈴木先生との数多くのやりとりである。小生の（当時の）職場のある赤穂と妻と子どもたちの住まう東京とを行き来するついでに（ついでといっては失礼か）、鈴木先生の研究室に足繁く赴き、編集作業にかかりきりになったものであった。次々と課題が出てきて、時間だけが空しく過ぎていくような感覚を覚えもした。しかし、そんなときでも毎回のように外に繰り出してはおいしいものを食べ歩き、日頃の鬱憤を晴らしたことが、次の作業へと向かう活力源になっていたように思われる。次に、忘れてはならないのが北樹出版の福田千晶さんの存在だろう。もしも福田さんとの出会いがなければ、本書が日の目を見ることはなかったからだ。正直にいえば、福田さんの朗らかで誠実な人柄に惹かれ、何とかなるだろうと調子よく執筆を引き受けてしまったのが事の始まりだった。引き受けたものの具体案が見つからずこれが運の尽きかというときに、この運を繋いでくれたのが本書の執筆を快く引き受けてくださった著者の先生方であった。先生方の協力があったからこそ、本書はこのような形でまもなく世に出ようとしている。本当にありがたいことである。

　こうして思い返してみると、本書の誕生の背景にはさまざまな人間模様があった。そうした多くの人たちの支えがあってこその本書の誕生なのだと、今実感している。関係者の皆様に心から感謝を申し上げたい。そして本書が多くの方の手に取られることを願っている。

　　　　　2015年12月
　　　　　2022年12月 追記

　　　　　　　　　　　　　　　　　　　　　　　　大和田　智文

いわゆる心理学基礎実験系の科目を大学で担当している時に、いつも思う事があった。それは、「なぜこの実験科目なのだろうか」といったものや、諸々であった。そして、いつしか、いつものごとくで「ならば教科書を作ってしまおうか」と思うようになっていた。

　そう思っていた頃に、ご縁があり、今回の書籍の執筆について大和田先生から声をかけていただいた。渡りに船とばかりに乗らせていただき、完成へとこぎ着けることができた。ちょっと特殊なタイプの教科書ということもあり、かなり難儀した部分もあるが、ともあれ完成である。本書には十分でないところもあるかもしれないが、あらたな試みをいくつも取り込んでみたというところで、ご容赦いただけると幸いである。

　もう1人の編者である大和田先生、各章を担当していただいた諸先生方、そして北樹出版の福田千晶さんのおかげでこの書籍が完成した。感謝申し上げます。また、これまで出会ってきた方々に、感謝いたします。そして、最後になりますが、家族に感謝の言葉を述べさせていただきます。ありがとう。

　さてさて、最後までお読みいただき、ありがとうございました。
　それでは、またご縁がありましたら……。

　　　　　2015年12月
　　　　　2022年12月追記

　　　　　　　　　　　　今と少しだけ先を見つめながら

　　　　　　　　　　　　　　　　　　鈴木　公啓

執筆者紹介

大和田　智文（おおわだ　ともふみ）（編者，第1章，第14章）

　江戸川大学社会学部教授

　専修大学大学院文学研究科博士後期課程単位取得退学　博士（心理学）

　『集団同一視および行動価が内・外集団の行為者に対する態度および印象に及ぼす影響』江戸川大学紀要，2022（共著）

　『若者再考——自己カテゴリ化理論からの接近』専修大学出版局，2010

鈴木　公啓（すずき　ともひろ）（編者，第15章）

　東京未来大学こども心理学部准教授

　東洋大学大学院社会学研究科博士後期課程修了　博士（社会学）

　『やってみよう！実証研究入門——心理・行動データの収集・分析・レポート作成を楽しもう』ナカニシヤ出版，2022（分担執筆）

　『やさしく学べる心理統計法入門（増補版）——こころのデータ理解への扉2』ナカニシヤ出版，2021（単著）

藤澤　文（ふじさわ　あや）（第2章）

　鎌倉女子大学児童学部准教授

　お茶の水女子大学大学院人間文化研究科博士後期課程修了　博士（人文科学）

　『児童心理学の進歩（2015年版）』金子書房，2015（分担執筆）

　『青年の規範の理解における討議の役割』ナカニシヤ出版，2013

結城　裕也（ゆうき　ひろや）（第3章）

　仙台白百合女子大学人間学部准教授

　東洋大学大学院社会学研究科博士後期課程満期退学　修士（社会学）

　『ジャーナリストの惨事ストレス』現代人文社，2011（分担執筆）

　『感情表出の抑制は精神的健康を害するか？——感情表出の抑制後の対処方略による検討』東洋大学21世紀ヒューマン・インタラクション・リサーチ・センター研究年報，2009

佐久間　直人（さくま　なおと）（第4章）

　愛国学園大学人間文化学部准教授

　千葉大学大学院自然科学研究科博士後期課程単位取得退学　修士（文学）

　『図説　視覚の事典』朝倉書店，2022（分担執筆）

　"Rapid proportion comparison with spatial arrays of frequenty-used meaningful visual symbols." The Quarterly Journal of Experimental Psychology, 2017（共著）

本田　周二（ほんだ　しゅうじ）（第5章）

　大妻女子大学人間関係学部准教授

　東洋大学大学院社会学研究科博士後期課程修了　博士（社会心理学）

　『心理学大図鑑 THE STORY』NEWTON PRESS, 2020（監訳）

　『公認心理師必携テキスト（改訂第2版）』学研メディカル秀潤社，2020（編集）

小島　弥生（こじま　やよい）（第6章）

　北陸大学国際コミュニケーション学部教授

　東京都立大学（現首都大学東京）大学院人文科学研究科博士課程単位取得満期退学　修士（心理学）

『体型に関わる損得意識と痩身願望——男女青年の比較による検討』応用心理学研究，2018（共著）

『メディアの利用と痩身理想の内在化との関係』教育心理学研究，2015（共著）

山田　幸恵（やまだ　さちえ）（第7章）

東海大学文化社会学部教授

早稲田大学大学院人間科学研究科博士後期課程単位取得退学　修士（人間科学）

『パーソナリティ心理学概論——性格理解への扉』ナカニシヤ出版，2012（分担執筆）

『大災害と子どものストレス——子どものこころのケアに向けて』誠信書房，2011（分担執筆）

菅　さやか（すが　さやか）（第8章）

慶應義塾大学文学部准教授

神戸大学大学院文化学研究科博士課程修了　博士（学術）

『エッセンシャルズ心理学（第2版）——心理学的素養の学び』福村出版，2021（共著）

『心のしくみを考える——認知心理学研究の深化と広がり』ナカニシヤ出版，2015（分担執筆）

薊　理津子（あざみ　りつこ）（第9章）

江戸川大学社会学部准教授

聖心女子大学大学院文学研究科博士後期課程修了　博士（社会文化学）

『新型コロナウイルス感染症予防行動と行動基準との関連性——羞恥を媒介した検討』心理学研究，2022

"Perception of Hidden Confidence in Neutral Expressions: Interactions of Facial Attractiveness, Self-Esteem, and Names to be Addressed by" Languages, 2022（共著）

丹野　宏昭（たんの　ひろあき）（第10章）

株式会社Wiz We総研主任研究員

筑波大学大学院人間総合科学研究科一貫制博士課程修了　博士（心理学）

『人狼ゲームで学ぶコミュニケーションの心理学——嘘と説得，コミュニケーショントレーニング』新曜社，2015（共著）

『質問紙調査と心理測定尺度——計画から実施・解析まで』サイエンス社，2014（分担執筆）

板山　昂（いたやま　あきら）（第11章）

関西国際大学心理学部講師

神戸学院大学大学院人間文化学研究科博士後期課程修了　博士（人間文化学）

『裁判員裁判における量刑判断に関する心理学研究——量刑の決定者と評価者の視点からの総合的考察』風間書房，2014

『基礎から学ぶ犯罪心理学研究法』福村出版，2012（分担執筆）

武田　美亜（たけだ　みあ）（第12章）

青山学院大学コミュニティ人間科学部准教授

東京都立大学大学院人文科学研究科博士課程修了　博士（心理学）

『社会心理学　過去から未来へ』北大路書房，2015（分担執筆）

『入門！産業社会心理学——仕事も人間関係もうまくいく心理マネジメントの秘訣』北樹出版，2015（分担執筆）

勝谷　紀子（かつや　のりこ）（第13章）

東京大学先端科学技術研究センター特任助教

東京都立大学大学院人文科学研究科博士課程単位取得退学　博士（心理学）

『難聴者と中途失聴者の心理学――聞こえにくさをかかえて生きる』かもがわ出版，2020（共著）

『シリーズ〈公認心理師の向き合う精神障害〉2　心理学からみたうつ病』朝倉書店，2020（分担執筆）

佐藤　史緒（さとう　しお）（第16章）

神奈川工科大学教職教育センター准教授

東洋大学大学院社会学研究科博士後期課程満期退学　修士（社会学）

『選択肢の数と認知的完結欲求が意思決定過程に及ぼす影響』東洋大学大学院紀要，2011

『心理学教育のための傑作工夫集――講義をおもしろくする67のアクティビティ』北大路書房，2010（共訳）

矢澤　美香子（やざわ　みかこ）（第17章）

武蔵野大学人間科学部教授

早稲田大学大学院人間科学研究科博士後期課程単位取得退学　博士（人間科学）

『基礎から学ぶ心理療法』ナカニシヤ出版，2018（編著）

『社会人のためのキャリア・デザイン入門』金剛出版，2016

太幡　直也（たばた　なおや）（第18章）

愛知学院大学総合政策学部准教授

筑波大学大学院人間総合科学研究科一貫制博士課程修了　博士（心理学）

『「隠す」心理を科学する――人の嘘から動物のあざむきまで』北大路書房，2021（共編）

『懸念的被透視感が生じている状況における対人コミュニケーションの心理学的研究』福村出版，2017（単著）

〈第2版〉
心理学基礎実験を学ぶ　——データ収集からレポート執筆まで

2016年2月25日　初版第1刷発行
2020年9月20日　初版第3刷発行
2023年3月20日　第2版第1刷発行

編著者　大 和 田　智 文
　　　　鈴 　木　公 啓
発行者　木 　村　慎 也

・定価はカバーに表示　　　　　印刷　新灯印刷／製本　新灯印刷

発行所　株式会社 北 樹 出 版

URL :http://www.hokuju.jp

〒153-0061　東京都目黒区中目黒1-2-6　（03）3715-1525（代表）